J. Caro

Gulliver Taschenbuch 801

Jürgen Seidel, 1948 in Berlin geboren. Nach schulischer und handwerklicher Ausbildung dreijähriger Auslandsaufenthalt in Australien und Südostasien, dann Studium der Germanistik und Anglistik, Promotion 1984. Seither ist er freischaffender Autor und Lehrbeauftragter an der Heinrich-Heine-Universität Düsseldorf. Er veröffentlichte diverse Prosa-Werke, darunter der Roman *Der geträumte Kontinent. Die erste Weltumsegelung des James Cook*, Hörspiele, Rundfunkbeiträge sowie literaturwissenschaftliche Publikationen und wurde u.a. mit dem Literaturpreis der Stadt Siegburg und dem Diotima Literaturpreis Neuss ausgezeichnet.

Jürgen Seidel

Harry Heine und der Morgenländer

Roman

BELTZ
& Gelberg

Der Autor dankt der Stadt Düsseldorf
für ihre freundliche Unterstützung.

Gulliver Taschenbuch 801

Programm Beltz & Gelberg, Weinheim

Einbandtypographie von Max Bartholl
Einbandbild von Henriette Sauvant
Gesamtherstellung Druckhaus Beltz, 69494 Hemsbach
Printed in Germany
ISBN 3 407 78801 0
1 2 3 4 5 02 01 00 99 98

Düsseldorf, im Frühjahr 1816

Erstes Kapitel

Sefchen Edel war tot.

Harry war gerade aufgestanden und noch gar nicht richtig wach. Peira, seine Mutter, erzählte es, als er in die Küche kam, beiläufig, wie man sagt, dass sich der Laternenwächter ein Bein gebrochen hat.

Sefchen liege in ihrer Kammer im Haus des Pferdehändlers Muth. Ein Wachmann stehe vor der Tür und schicke jeden fort, der hineinwolle.

Aber wer sollte denn hineinwollen, dachte Harry. Bei Tag hatte nie jemand zu Josefa gewollt. Eher schon in der Dämmerung, um sich von ihr in die Zukunft schauen zu lassen oder um zu erfahren, wie man den Grind oder die Wassersucht heilt. Das waren die Fragen der Frauen, die sich in der Dunkelheit zu ihr schlichen. Die Männer kamen mit anderen Wünschen, tiefer in der Nacht. Bei Tag war es besser, erst gar nicht an Sefchens Tür zu klopfen. Es war nicht einmal klug, Josefa zu grüßen, wenn sie einem bei Licht auf der Straße begegnete. Dabei hatte sie ein schönes Gesicht und saubere, trockene Hände. Ihre Kleidung war schlicht, aber ordentlich, und sie war gar nicht alt, gerade achtzehn, genau wie er, Harry. Und jetzt war sie tot.

Der Pferdehändler habe sie gefunden, als er die Miete holen wollte. Sie sei ganz voll Blut gewesen. Gefallen, sagten die einen, absichtlich gefallen, behaupteten die anderen. Jedenfalls hatte das Sefchen der Teufel geholt. Und so habe es kommen müssen. Das sei abzusehen gewesen, bei so einer. Niemand habe was anderes erwartet. Da liege nun wieder ein vergeudetes Leben am Boden, das aller Welt zeige, wie wichtig es ist, christlich zu leben, tadellos und ehrlich, statt in Sünde.

Worüber sich Harry am allermeisten ärgerte, war die Schnelligkeit, mit der die Lügen über die tote Josefa herfielen. Wie schlecht und verdorben sie gewesen sei. Ein leichtes Spiel für böse Zungen. Sefchen war ja wehrlos und konnte niemandem mehr die passende Antwort geben oder zu ihrer Verteidigung selbst ein Gerücht auf den Weg schicken, das wie Löwenzahnsamen von Tür zu Tür flog und überall Nahrung fand.

Und Peira, die sonst so gütige, sensible Mutter, schämte sich nicht, hier mitzutun. Sie stand mit dem Rücken zu ihm vor dem breiten, schwarzen Küchenherd und schob die Kasserolle mit der Grießsuppe hin und her. »Aber der Herr Sohn will ja nichts von alledem hören …«, erklärte sie mit bitterer Stimme, »der hat natürlich seinen eigenen Kopf. Josefa Edel! Der Name brächte einen zum Lachen, wenn das nicht alles so ernst wäre …«

Harry hörte kaum hin.

Peira machte eine Pause. »Und dein Vater ist nicht besser als du. Oder ist es zu viel verlangt, zu erwarten, in dieser Sache eindeutig Stellung zu beziehen? Schließlich geht es um Erziehung, um Menschenwürde, um Anstand …«

Nein, dachte Harry. Ich weiß, was du hören willst, Peira … In seinen Selbstgesprächen nannte er sie immer Peira, niemals Mutter oder Mama. Der Name hatte einen schönen Klang.

»Nein«, sagte er.

»Was nein?«

»Ich werde jetzt nicht sagen, was du hören willst.«

Sie tat überrascht. »Was soll ich denn hören wollen? So ein Unsinn.«

Es war zwecklos. Warum waren manche Situationen nur so enttäuschend gläsern und vorhersehbar? Natürlich wünschte sie sich, dass es ihm jetzt Leid täte, sich je mit Josefa Edel eingelassen zu haben.

»Du kennst sie doch gar nicht«, sagte er.

»Gut genug«, antwortete Peira und goss die Suppe in eine Schale.

Er musste sich wehren. »Ich weiß schon: Gut genug, um zu wissen, dass sie verdorben ist und mir schaden kann …«

»Mach dich nur lustig über mich«, entgegnete sie mit verletztem Unterton und stellte die Schale mit der Suppe auf den Tisch.

»Mir ist überhaupt nicht lustig zumute«, versetzte er. Ihm war klar geworden, dass die furchtbare Nachricht vorläufig nur in seinem Kopf steckte und noch nicht im Herzen.

Peira legte ihm den Löffel hin. Sie wischte sich die Hände an einem Tuch ab und setzte sich zu ihm an den Tisch. »Grauenvoll. Ein so junges Leben …«

Floskeln wie diese ärgerten ihn am meisten. Erwartete sie jetzt ernsthaft, dass er einsichtig und reuevoll nickte? Ja, Mutter. Ach, hätten wir uns doch bloß nie auf sie eingelassen … Zum Lachen! … »In der ganzen Stadt hat sich kein einziger Mensch je um Sefchen geschert«, erklärte er. »Mir ist das alles zu verlogen.« Er aß einen Löffel und wartete auf eine Entgegnung, vermutlich einen Tadel. Aber Peira sagte nichts. Jetzt war sie es, die still in sich hineinnickte – vielleicht sogar ein bisschen einsichtig und reuevoll, dachte Harry bissig und vergaß für einen Augenblick, was eigentlich geschehen war.

»Die Menschen sind nicht alle so gleich, wie es die Franzosen behaupten«, sagte sie nach einer Weile. »Das ist gut gemeint. Aber es ist nicht die Wirklichkeit.«

Harry hatte keine Lust auf diese Diskussion. Er aß stumm. Natürlich hätte er etwas entgegnen können; dass man einem Ideal nicht einfach entgegenhalten kann, es sei *nicht die Wirklichkeit*. Er hätte auch antworten können, dass die Wirklichkeit nicht in Zuständen, sondern erst in Entwicklungen greifbar werde. Aber das war ihm jetzt zu lästig. Immer wieder drängte sich Sefchens Tod in seine Gedanken.

»Und sie hat sich wirklich selbst getötet?«

»Mit einem Messer«, antwortete Peira.

Harry sah Josefas Zimmer im Hause des Pferdehändlers vor Augen. Es war kaum größer als eine geräumige Vorratskammer. Ein Bett stand darin, ein Stuhl und eine schiefe Kommode. Kaum Platz, um darin tot hinzustürzen. Nicht mal einen richtigen Spiegel besaß sie, beim Kämmen schaute sie in eine Scherbe. Jetzt nicht mehr. Nie mehr wieder. *Tot! … Sefchen tot! …* Christian, sein bester Freund, fiel ihm ein. Der würde noch trauriger und wütender sein als er, weil er die schöne Josefa Edel von allen Mädchen am liebsten hatte. Dafür gab es Gründe, die nur Christian und er kannten – und Sefchen natürlich, die aber nun erloschen war, ausgeweht wie eine Kerze. Ganz unvorstellbar.

Im ersten Augenblick, als er von Peira die Nachricht hörte, hatte er nichts damit beginnen können. Er hatte nichts gefühlt, außer einem dumpfen Schreck, der sich bedrohlich warm in ihm ausbreitete wie der verbotene Schnaps, den man am Hafen kaufen konnte. Statt Gefühlen waren ihm Erinnerungen gekommen, Erinnerungen an andere, lang zurückliegende Sterbefälle.

Da war der Tod der alten Bele, die mit im Hinterhaus gelebt hatte, als er ein Kind von fünf, sechs Jahren war. Bele war sehr klein gewesen, nicht größer als er selbst und die anderen Kinder, die sich immer um sie scharten. Die Haut ihrer Hände sah aus wie die Pfannkuchen, die sie an jüdischen und christlichen Feiertagen buk. Eines Tages konnte Bele nicht mehr laufen. Sie saß nur noch in ihrer winzigen Stube, und nun waren es die Kinder, die ihr Äpfel und Gebäck brachten, ihr Lieder vorsangen und im Herd das Holz nachlegten. Dann hatte sie eines Morgens nicht mehr aufstehen können. Die Vorhänge mussten zugezogen bleiben, weil sie das Licht nicht vertrug. Sie aß nur noch eingeweichtes Brot und zerstoßene Rosinen, in so winzigen Mengen, dass es den Krähen im Garten genügt hätte. Dann hatte Bele aufgehört zu sprechen. Sie nickte ein bisschen, wenn jemand an ihr Bett trat. Ihr Gesicht wurde noch zierlicher als die Gesichter der hölzernen Puppen, die oben im Kinderzimmer lagen und mit denen sich Theater spielen ließ. Als Harry ihr dann einmal ein Stück Kuchen bringen wollte, nahm ihn seine Mutter an die Hand. In der Kammer standen dicht gedrängt die Nachbarn und flüsterten. Bele hatte die Augen geschlossen. Ihre Stirn glänzte bleicher als gewöhnlich. Harry stellte den Kuchen neben das Bett. Aber Bele wurde nicht wach. Sie merkte nicht einmal, dass er sie ansprach. »Das ist Kuchen, Tante Bele«, wiederholte er leise. Ihre uralten Ohren zitterten und sahen aus wie welke Hainbuchenblätter. Die Mutter zog Harry sachte zurück, und als sie hinausgingen, lächelten die Großen und nickten ihm zu. Danach hatte er Bele nicht wieder gesehen und sich nur langsam damit abgefunden, dass sie für immer fortgegangen war.

Ein anderer Tod, an den Harry an diesem Morgen denken musste, war der seines Katers Micha, benannt nach dem Propheten, an dessen Seite ein Kind geht und tiefer in die Welt schaut als die Erwachsenen. Micha hatte eines Morgens tot im Garten gelegen, und Harry hatte plötzlich verstanden, dass nun kein Leben mehr in ihm war und dass es eine sterbliche Hülle gab, die einen Geist enthielt und ihn verlieren konnte. Es gab tote Dinge, die gar nichts enthielten, und lebendige, die sich veränderten und doch sie selbst blieben. Sein hölzernes Pferd veränderte sich nie, aber auch Micha war immer Micha gewesen und Bele eben Bele. Harry hatte sein Holzpferd geholt und es dicht neben Micha gelegt. Das tröstete ihn. Die Mutter kam und fragte, was das solle. Er konnte es nicht erklären. Er liebte sein Pferd und sprach mit ihm. Auch mit Micha hatte er viel erzählt, wenn er abends nicht einschlafen konnte, und auch mit der toten Bele. Von Micha erfuhr er, dass Katzen die Freiheit über alles lieben und gerne Gras und Hühnermägen fressen. Bele hatte ihn gelehrt, dass der Himmel für Christen und Juden gleichermaßen offen steht, vorausgesetzt, wer dort um Einlass bittet, hat eine lichte Seele und in seinem Herzen echtes Mitgefühl.

Seit jener Zeit machte ihm der Gedanke an den Tod einige Angst. Vor allem, wenn er sich vorstellte, dass die Mutter oder der Vater sterben könnte oder eines der Geschwister. Dabei war es jedoch nicht nur der Verlust des geliebten Menschen, was ihn ängstigte, sondern er fürchtete die Entdeckung des Verstorbenen, das Erhalten der Nachricht, den Anblick des Toten, die Aufregung im Haus und auf der Straße, die Trauer, die wie ein Straßenräuber auf ihn einhauen würde.

Nicht nur an Bele und an Micha dachte Harry an diesem Morgen. Auch an den Tod des kleinen Wilhelm, für den er selbst bis zum heutigen Tag die Schuld trug, weil er den Jungen angestiftet hatte, ein Kätzchen aus dem Wasser zu retten, statt es selbst zu tun. Wilhelm war vor seinen Augen ertrunken. Als man ihn aus dem Wasser gezogen hatte und er reglos dalag, hatte Harry lange nicht glauben können, dass er wirklich tot sei. Wilhelm lag da wie in einem seltsam schiefen Schlaf, und immer wieder drängte sich Harry die Vorstellung auf, Wilhelm spiele nur und würde jeden Moment aufspringen und den Umstehenden in die verdutzten, schreckbleichen Gesichter lachen.

»Ich muss zu Christian«, sagte er und schob den Rest Suppe weg.

»Du wolltest Holz holen und die Hühner füttern.«

»Das vergesse ich bestimmt nicht.« Er stand auf, gab der Mutter einen Kuss auf die Stirn und ging sich waschen und anziehen.

Draußen folgte er der Bolkerstraße in Richtung Rhein und bog in die Martinsgasse ein. Zwischen einem der Häuser und einer Hofmauer klaffte ein Spalt, nicht breiter als Harrys Schultern. Er zwängte sich hindurch und stand in einem langen, schmalen Garten voller Obstbäume und niedrig eingezäunter Beete, in denen die Erde frisch umgeworfen war. Am Ende des Gartens ragte der Giebel eines Hinterhauses auf, die Wohnung der Familie Christoph Sethe, Prokurator am Hofgericht Düsseldorf.

Harry merkte, dass ihm bange davor war, seinem Freund Christian zu begegnen. Er steckte zwei Finger in den Mund, stieß einen kurzen Pfiff aus und wartete einen Moment. Dann schickte er einen zweiten hinterher. In einem der Fenster erschien das Gesicht eines blassen Mädchens. Ein Flügel wurde geöffnet, und mit heller Stimme rief es: »Er kommt runter, Harry.«

Harry winkte dem Mädchen zu und ging zu einer niedrigen Brettertür unter der Außentreppe, die an der Seite des Hinterhauses aus dem ersten Stock in den Garten führte. Von drinnen hörte er Schritte, dann wurde die Tür aufgestoßen, und Christian trat ins Freie.

Christian Sethe war zwar jünger, aber trotzdem kräftiger als Harry. Im Lyzeum war er beinah jedem der Jungen im Armdrücken überlegen gewesen.

Christian schloss die Tür zum Niedergang, nahm Harrys Hände und sagte mit einer für seine Statur etwas zu hohen und weichen Stimme: »Was ich nicht begreife, ist: Die Welt geht weiter, als sei überhaupt nichts passiert.«

Harry bewunderte Christian. Immer wieder ertappte er sich dabei, wie er ihm gewisse Gesten und Ausdrücke nachmachte und dabei ein Gefühl von Nähe und Geborgenheit empfand. Als sie sich kennen lernten, waren sie noch halbe Kinder gewesen. Die ersten Jahre ihrer Freundschaft waren mit Räuberspielen in den Gärten und Höfen und am Rhein vergangen. Dann hatte sich die Welt verkehrt. Alles. Ihr Denken und Fühlen, ihre Körper. Sie hatten sich Geheimnisse anvertraut, einander getröstet und Hoffnung gemacht. Hundertmal hatte Christian seinen Freund vor den Hänseleien der anderen in Schutz genommen, die keine Gelegenheit ausließen, Harry ein kräftiges »Kaftan« oder »Scheißjud« nachzurufen. Und als ob dieses Schützen und Retten des Freundes ihn zusätzlich hätte wachsen lassen, war Christian immer kräftiger und geschickter geworden, sodass die Hänseleien aus Angst vor der Rache »El Sethes« fast ganz aufgehört hatten.

Aber nicht nur äußerlich waren Harry und Christian verschieden. Harry neigte dazu, sein Herz nicht lange zu verschließen. Es beschämte ihn auch nicht, wenn ihm die Tränen in die Augen stiegen. Christian dagegen spielte gerne den Seneca, dem nichts anzumerken war, während er überlief vor Kummer oder Lust am Leben. Seine Kiefer mahlten, und in den Augen blitzte die Anstrengung, kein Gran seines Gefühls nach außen dringen zu lassen. Was aber das Fühlen und die Weltsicht selbst betraf, so hatte für beide nie ein Zweifel bestanden, dass sie »Brüder« waren, und wenn sie am Rhein saßen oder am Fuß der Hügel hinter Gerresheim, von wo aus man nach Westen bis über den Strom nach Neuß und Krefeld sehen konnte, fassten sie sich an den Händen und waren sich einig, dass sie die Welt mit anderen Augen und anderen Herzen sahen als die meisten Menschen. Und dass sie in ihrem Leben alles unternehmen würden, um anders zu werden als ihre Eltern, gerechter, mitfühlender und vor allem freier von all den Zwängen und Pflichten, die das Leben oft so schwer und öde machten.

»Wir gehen sofort hin«, sagte Christian. »Ich kann es nicht glauben.«

»Ich muss erst die Hühner füttern und Holz holen«, antwortete Harry. »Meine Mutter sieht mich sowieso schon schief an.« Es war ihm peinlich, sich mit solch banalen Dingen gegen Christians Wunsch zu stellen. »Oder nein, das hat Zeit. Ich mach es nachher.« Er drehte sich um und ging auf den schmalen Durchgang zu.

Christian folgte. Plötzlich blieb er stehen. »Ich kann nicht«, sagte er.

»Was kannst du nicht?«

»Zu Sefchen gehen und sie tot daliegen sehen.« Christian hatte Tränen in den Augen.

»Dann gehen wir nicht«, erklärte Harry.

»Doch. Wir müssen. Sonst glaube ich es nicht. Gestern hat sie mir über die Straße zugewunken. Bestimmt hat es jemand gesehen und meinem Vater erzählt. Wahrscheinlich wird er mir wieder eine Standpauke halten … Nein, sie ist ja tot. Er wird gar nichts sagen …« Christian wischte sich die Augen. »Ich habe Angst, Harry. Als Kinder haben wir hundertmal geträumt, Helden zu sein und den Tod zu bezwingen. Im Spiel.«

Harry verstand genau, was Christian meinte. Als Zwölf- und Dreizehnjährige hatten sie mit anderen Kindern Krieg gespielt. Die französischen Soldaten in der Stadt hatten zugesehen und den »Gefallenen« manchmal Äpfel und kleine Kuchen geschenkt. Als Auszeichnung und zur Belohnung. Die Kinder stritten sich, wer »tot« sein durfte. Niemand wollte am Leben bleiben. Es war eine Schande und einen Apfel gab es obendrein nicht. Er erinnerte sich, dass ihm das Widersinnige dieses Spiels schon damals nicht entgangen war: aus dem Totsein ganz einfach ins Leben zurückzukehren, um den Streit, wer im Felde fallen durfte, von neuem zu beginnen.

Die beiden Freunde zwängten sich durch den schmalen Gang, der auf die Martinsgasse führte.

»Der Wachmann vor ihrer Tür wird dich nicht hinauflassen«, sagte Harry.

Christian winkte ab. »Du musst ihn ablenken. Sag ihm, der Pferdehändler Muth wartet im Hof und braucht seine Hilfe. Irgendetwas.«

»Und wenn er's merkt?«

»Dann sind wir längst weg. Ich muss nur hinauf und einen Blick in ihre Kammer tun. Ich muss, Harry, verstehst du das?«

»Und wenn sie wirklich daliegt? Mit all dem Blut und so?«

»Dann habe ich es gesehen und will vielleicht nicht länger leben. Das kann sein oder kann auch nicht sein. Aber irgendetwas muss passieren.«

Harry schwankte zwischen Furcht und Bewunderung.

»Du könntest vom Turm der Lambertuskirche springen oder dich in einem Fass den Rhein hinuntertreiben lassen«, rief er, während Christian vor ihm herlief.

»Klar. Mein Vater würde vor Wut gleich hinterherspringen.« Christian lachte bitter.

Sie hatten die Liefergasse erreicht. Die Häuser drängten sich aneinander wie gestutzte Orgelpfeifen. Vor einem Leiterwagen, der ihnen Deckung gab, blieben die Jungen stehen. Keine zwanzig Schritte entfernt stand ein Mann in Uniform vor einer Haustür.

»Wachmann Mathias Federling, mein Onkel«, flüsterte Christian. »Wir haben Glück. Onkel Feder schläft entweder im Stehen und merkt gar nichts, oder du brauchst ihm nur zu sagen, der Pferdehändler habe ihm im Hof ein Frühstück auftragen lassen.«

»Und wenn er doch Verdacht schöpft?« Harry wurde es mulmig zumute.

»Wahrscheinlich ist er sowieso betrunken. *Legt die Waffen nieder, Freunde! Dieser Mensch ist keines Menschen Feind!*«, zitierte Christian. »Woraus ist das? Aus *Die Sieben gegen Theben*?«

Harry hielt sich an einer Leitersprosse fest. Das Herz klopfte ihm bis in den Hals. »Ich gehe jetzt«, sagte er. Aber er blieb stehen, wo er stand. »Ganz bestimmt«, fügte er hinzu, dann trat er hinter dem Wagen hervor.

Der Wachmann blickte flüchtig zu ihm herüber und zupfte an seiner roten Uniformjacke.

»Guten Tag, Herr Korporal Federling.«

Der Mann nickte.

»Ich habe eine Nachricht für Sie. Drüben im *Raben* sitzt der Pferdehändler Muth. Er hat mich gebeten, Sie zu bitten, das Remisentor im Hof zu verschließen. Er hat es vergessen und zählt auf Ihre Wachsamkeit. Der Schlüssel liegt links neben dem Tor unter einem Ziegelstein.« Harry merkte, dass unter seinem Hemd der Schweiß lief.

Der Wachmann stutzte. »Ich soll den Posten verlassen? … Sag mal, du bist doch der Heine.«

»Ja.«

»Ich mache dich hiermit zu meinem Substituten, bis ich zurück bin. Das ist amtlich, Heine.«

»Jawohl, Herr Korporal«, antwortete Harry und machte sich gerade. Die Angst fiel ihm von den Schultern wie Steine.

Federling schritt ein Stück die Gasse hoch und verschwand in einem Hofeingang. Sofort kam Christian aus seinem Versteck, betrat den Hausflur und stieg die schmale, dunkle

Treppe nach oben. Harry sah ihm nach. Die Beklemmung kehrte zurück. In seiner Vorstellung sah er das Blut und Sefchens klaffenden Arm. Er wusste, dass die Phantasie oft schlimmere Bilder malte als die Wirklichkeit. Aber manchmal war es umgekehrt. Er erinnerte sich an den furchtbaren Schreck, den er bekommen hatte, als er zufällig mit ansah, wie man einen Toten aus der Düssel zog. Das Gesicht war grau und aufgedunsen, der Körper von hässlichen Flecken und Pusteln entstellt. Er hatte ein paar Nächte nicht ruhig schlafen können und war, anders als sonst, eine Zeit lang froh gewesen, dass sein Bruder Gustav mit im Zimmer schlief und regelmäßig atmete.

Er stand auf, ging nach drinnen bis an den Fuß der Treppe und horchte. Draußen klapperte ein Fuhrwerk vorbei. Harry wartete, bis sich der Lärm verzog. Er hörte Stimmen, irgendwo im Haus oder von nebenan. Ein Säugling schrie und im selben Moment drang das Quietschen einer Säge ins Treppenhaus. Harry sprang vor Schreck drei Stufen die Treppe hinauf. Er drehte sich um. Der Wachmann würde nicht mehr lange auf sich warten lassen und zurückkehren. Wenn er weder den Schlüssel noch den Ziegelstein fand, würde er vielleicht merken, dass der *Heine* ihn genasführt hatte.

»Christian!«, rief Harry gedämpft und schluckte die Angst herunter. »Bist du noch da oben?«

Keine Antwort. Er ging zwei Stufen weiter hinauf, drehte sich wieder um und sah nach unten durch das helle Rechteck der Tür auf das leere Pflaster.

»Christian! …«

Nichts. Die fernen Stimmen waren lauter geworden, eine Tür schlug zu oder wurde zugeworfen, irgendwo fauchte eine

Katze. Plötzlich erkannte er die eine Stimme. Es war Federlings und sie kam vom Hof. Die andere gehörte einer Frau; sie schimpfte und bewarf den Korporal mit einer Salve gepfefferter Verwünschungen. Kurz entschlossen rannte Harry los, nahm zwei Stufen auf einmal und hielt erst inne, als er oben im Flur stand und kaum die Hand vor Augen sah.

»Christian, wo bist du? Federling kommt jeden Augenblick zurück!« Seine Stimme duckte sich wie ein Soldat im Graben. Dann sah er den Lichtspalt am Ende des Flurs, ein dünner, verschwommener Strich, der allmählich heller und klarer wurde. Harry nahm allen Mut zusammen, legte eine Hand an die Wand und tastete sich vor. Sefchens Tür war angelehnt. Einen Moment lang zögerte er, verjagte die blutigen Bilder aus seinem Kopf. Dann fasste er an das rissige Holz und drückte die Tür Zoll um Zoll nach vorne in das Zimmer.

Christian hockte zwischen Bett und Ofen am Boden und hatte den Kopf in die Hände gestützt. Vor ihm auf den Dielen glänzte ein schwärzlicher, verschmierter Fleck. Harry erschrak so heftig, dass ihm gar nicht bewusst wurde, dass man die Tote schon fortgebracht hatte. Er blieb in der Tür stehen und merkte, dass ihm schwindelig wurde, holte tief Luft und blies ein paar Mal die Wangen auf.

»Dein Onkel kommt jeden Moment zurück.«

Christian rührte sich nicht.

»Komm jetzt!«

»Nein.«

»Da kannst nicht hier sitzen bleiben.«

»Geh nur, Harry. Er weiß ja nicht, dass ich hier oben bin.«

Harry wollte etwas einwenden. Dass Federling auch über Mittag Wache halten und bestimmt nicht davor zurückschrecken werde, seinen eigenen Neffen an den Gassenvogt auszuliefern. Eine sehr ungemütliche Vorstellung. Zugleich fühlte er mit Christian und wäre am liebsten selbst dageblieben, um Josefa Edel zu betrauern, die sich das Leben genommen hatte, weil die Menschenwelt gefühl- und herzlos war.

»Ich gehe runter, sonst wird alles nur noch schlimmer.«

»Wir treffen uns nachher am Kran«, sagte Christian. »Notfalls klettere ich durchs Hoffenster.«

Harry ging in den Flur zurück. Der Stimmenlärm vom Hof her hatte aufgehört. Harry beeilte sich. Als er unten aus der Haustür trat, wäre er um ein Haar mit dem Wachmann zusammengestoßen.

»Ich hatte Stimmen gehört, Herr Korporal, und dachte, ich sehe lieber mal nach ...«

»Gut gemacht, Junge«, sagte Federling und wischte sich mit einem Tuch den Schweiß von der Stirn. »Da ist übrigens kein Schlüssel und die Remise ist fest verschlossen.«

»Ich sag's dem Pferdehändler. Bestimmt hat er sich geirrt.«

Federling zupfte an seiner Uniform. »Du bist hiermit entbunden, Heine, und also frei.«

Harry bedankte sich höflich. Dann ging er zurück zur Bolkerstraße, um das Holz zu holen und die Hühner zu versorgen. Im Holzschuppen drang ihm ein Splitter in die Hand, den er zum Glück wieder ziehen konnte. Als er das Blut sah und ein paar Mal an der Stelle saugte, bis nichts mehr kam, war er froh, ungesehen und allein zu sein, und weinte eine Weile still in sich hinein.

Zweites Kapitel

Der »Kran« war Christians und Harrys Treffpunkt, seit sie sich kannten. Als Kinder waren sie jeden Tag dort gewesen und hatten sogar einmal eine Nacht darin verbracht, mit nur halber Erlaubnis ihrer Eltern, die annahmen, sie schliefen gemeinsam mit Schulkameraden in einem großen Zelt. Das Zelt war keine Lüge gewesen. Aber als die anderen darin schlafen gingen, hatten sich Christian und Harry mit Kerzen, Äpfeln, etwas Brot und ihren Decken bewaffnet auf den Weg zum Kran gemacht.

Der Kran stand etwa dreißig Fußminuten südlich vor der Stadt an einem alten, verschlammten Rheinarm, der nur noch von flachen Booten und Flößen befahren wurde. Der Galgen fehlte ganz, und von dem großen Tretradhaus stand nur noch eine Hälfte. Vom Weg her gesehen, sah der Kran wie ein etwas schiefes, aber sonst gewöhnliches Holzhaus aus; vom Ufer her glich er einer notdürftig verbretterten Ruine aus der Zeit der preußisch-französischen Kriege. Wertvoll und als heimlicher Treffpunkt unverzichtbar war er allemal, und als Harry jetzt über den Düsseldorfer Weg in Richtung Hamm auf den Kran zulief, gingen ihm die vielen Abende dort im Kran durch den Sinn, an denen Christian und er vor einem Rätsel gestanden hatten, das sie ohne Sefchens Mithilfe vielleicht niemals hätten lösen können. Das Rätsel betraf Christians körperliche Reife. Es war ein schwieriges, peinliches und verhängnisvoll scheinendes Geheimnis, wie es gewiss viele hatten und doch im Verborgenen ließen, weil es keine Worte dafür gab oder nur solche, die entweder unsauber waren und nutzlos oder so fremd, dass niemand sie verstand.

Der Weg machte eine lange Biegung und folgte dem schwarzen, schlammigen Wasserarm, der am Horizont in einem Saum aus Schilf und jungen Weiden endete. Die Stadt lag im Rücken. Im Südwesten, hinter der Karl-Theodor-Insel, lagen die Dächer von Hamm, einem Sprengel von Höfen und Häusern, deren Felder und Gärten bis ans Rheinufer reichten. Zur Linken, im Osten, sah Harry die grauen Silhouetten einiger Scheunen und zweier Windmühlen.

Während des ganzen Weges schon hatte Harry das Gefühl nicht loswerden können, dass ihn jemand beobachtete. An einer Hecke duckte er sich und spähte zurück. Es war Moritz Gumpertz, der ihm in einigem Abstand folgte und jetzt unsicher Ausschau hielt. Moritz war vierzehn und so anhänglich wie ein Entenküken. Harry überlegte, wie er ihn abschütteln könnte. Aber es war ohnehin zu spät, denn natürlich hatte Moritz längst gemerkt, wohin Harry ging.

Moritz bewunderte, ja, verehrte Harry, weil dieser Gedichte schrieb. Er hatte nur zwei Jahre lang schreiben und lesen gelernt und brachte mit Mühe das Alphabet zusammen. Ein paar Mal hatte Harry dem Jungen etwas vorgelesen, es aber sofort bereut, denn statt etwas Vernünftiges zu sagen, hatte Moritz ihn nur mit offenem Mund angestarrt und bestimmt nichts begriffen. Nur einmal hatte Moritz ihn verblüfft, als er plötzlich ganz unbefangen und mit viel Gefühl die ersten zwei Strophen einer schönen englischen Ballade sang. Als Harry wissen wollte, wann und wo er sie gelernt habe, war Moritz mit rotem Gesicht und nassen Augen davongerannt.

»Komm schon, Gumpertz!«, rief Harry und trat aus seiner Deckung.

Der Junge blinzelte unentschlossen herüber. Er hob einen Fuß und kratzte sich damit am anderen. Er trug keine Schuhe. Seine Hosen reichten ihm bis zu den Knien, wo sie ausgefranst und starr vom Dreck wie zwei schlanke Glocken hin und her baumelten. Das Hemd war aus Filz und am Saum eingerissen, aber es hatte lange Ärmel und an der linken Seite eine Tasche, die ein wenig abstand und ein Messer enthielt, mit dem Moritz werfen und treffen konnte.

Harry drehte sich um und ging ein Stück. Er wusste, dass Moritz aufholen würde, bis er dicht hinter ihm war.

»Wie geht es deinem Vater?«, fragte Harry, ohne sich umzudrehen.

»Er ist wieder gesund. Ich bin froh.« Der Vater von Moritz arbeitete am Hafen und war vor ein paar Wochen in den Laderaum eines holländischen Schoners gestürzt. »Nachts stöhnt er noch. Aber am Tag steht er schon auf und spaltet Holz.«

»Ich weiß, dass meine Mutter noch einen Korb Gemüse für euch hat. Den musst du nachher holen. Vergiss es nicht.«

»Ja, Harry. Und sag deiner Mutter vielen Dank …«

Sie trotteten hintereinander her. Harry lachte.

»Was lachst du?«, fragte Moritz.

»Weil wir hintereinander gehen wie zwei Esel.«

»Lässt du mich denn neben dich?«

»Nein«, antwortete Harry. »Weil du mir bis zum Kran nachlaufen wirst.«

»Zum Kran?«

»Tu nicht so, als wüsstest du nicht, wohin ich gehe.«

»Zum Kran.«

»Na also.«

»Triffst du Christian?«

»Ja.«

»Ich wünsche mir auch so einen Freund. Ich störe euch bestimmt nicht.«

»Das will ich hoffen. Wir wollen unter uns sein«, rief Harry und schämte sich ein wenig, den armen Moritz so zu quälen.

»Das Sefchen ist tot!«, klang es hinter ihm.

»Das wissen wir, Moritz Gumpertz. Willst du mich ärgern?«

»Nicht doch. Kein bisschen. Sie hat sich umgebracht und bekommt kein Begräbnis. Pfarrer Hauff hat es schon beschlossen. Er und das ganze Presbyterium.«

»Sehr ehrenwerte Leute!«, rief Harry. Sein Herz klopfte vor Wut. Daran hatte er noch gar nicht gedacht. Aber natürlich würde sich Hauff gegen eine ordentliche Beerdigung mit allen Mitteln wehren.

»Sie wird draußen vor der Friedhofsmauer vergraben und niemand darf singen.«

Harry blieb stehen. Sofort machte auch Moritz halt. Harry drehte sich um. »Was glaubst du, Gumpertz, hat sie ein Begräbnis verdient oder nicht?«

Der Junge blickte erschreckt herüber, verzog den Mund und wischte sich die Hände an den Hosen ab. »Ich weiß nicht, Harry. Wie meinst du das?«

»Wie ich es sage. Glaubst du auch, dass man ihr kein ordentliches Begräbnis machen darf?«

Moritz zierte sich. Er drehte sich zur Seite. Sein Blick

schweifte über die Felder. »Wenn Pfarrer Hauff es sagt ... Er wird es doch wissen, oder?«

Harry antwortete nicht. Er drehte sich um und ging weiter. In einiger Entfernung war hinter einer Baumgruppe der Kran zu sehen. Wäre Sefchen krank geworden und gestorben, hätte sie ein Armenbegräbnis erhalten. Wäre sie wohlhabend gewesen und hätte Selbstmord begangen, wäre niemand auf den Gedanken gekommen, sie nicht auf den Kirchhof zu lassen. Aber so! ... Harry versuchte, sich vorzustellen, wie verzweifelt ein Mensch sein musste, um seinem Leben selbst ein Ende zu setzen. Dass Sefchen in so großer Not gelebt hatte, war erschreckend. Niemand hatte ein Vorzeichen der Katastrophe erkannt oder irgendeinen Hilferuf. Auf jedem, der Josefa kannte, lastete Schuld, befand Harry. Auf denen, die sie bei Nacht ausgenutzt und bei Tag geschnitten hatten, ohnehin. Viel zu viele hockten auf den Schultern anderer und ließen sich umhertragen wie Kalife.

Am Kran angelangt setzte sich Harry vor die halb zerfallene Holztür und wartete auf Christian. Moritz Gumpertz stromerte in respektvoller Entfernung am Ufer herum, suchte sich Äste zusammen und baute ein kleines Floß. Harry beobachtete ihn. Manchmal hockte auch er im elterlichen Garten in einem versteckten Winkel und baute verschämt, aber lustvoll aus Steinen und Holzstücken ein kleines Haus oder schlug wie ein Reiter in der Schlacht mit einer Weidenrute Bärenklau und Knöterich tot – schreckte dann auf und sah sich ängstlich um, ob ihn jemand durch irgendein Fenster oder aus einem anderen Garten beobachtete.

»Gumpertz!«, rief er.

Moritz sprang auf und kam näher.

»Wie alt bist du?«

»Fast fünfzehn, Harry.«

»Und da baust du noch Flöße?«

Der Junge blieb stehen und wurde bleich.

»Ich habe schon mit dreizehn nichts mehr gespielt«, schwindelte Harry und sonnte sich einen Moment in Moritz' leutseliger Bewunderung. Dann sah er Christian kommen und schämte sich.

»Sei so gut, Moritz, und lass uns allein. Es ist wichtig.«

Der Junge trollte sich, blieb aber immer wieder stehen und blickte aufmerksam zurück.

Christian sah aus, als trüge er eine Last auf den Schultern, die ihn zu Boden zwingen wollte. Harry stand auf und ging dem Freund ein Stück entgegen. Er suchte nach einem Gedanken, einem tröstlichen Satz. Aber alle Worte waren dunkel und fad, und als Christian vor ihm den Kran betrat, sagte Harry nichts und wartete, bis sie sich gesetzt hatten.

Überall in dem halbdunklen, muffigen Raum lagen Tonscherben, Reste von kleinen Feuern, Knochen und vermoderndes Laub.

»Mein Onkel hat mich doch erwischt«, erzählte Christian. »Plötzlich stand er in der Tür und machte ein Mordsgeschrei. Ich habe ihn gar nicht hochkommen gehört.«

»Und?«

»Ich habe angefangen zu flennen. Halb gespielt und halb echt. Ich könnte jetzt gleich weiterheulen, das kannst du mir glauben. Jedenfalls hat er mich laufen lassen.«

Sie saßen eine Weile still nebeneinander. Harry horchte nach draußen und hörte Moritz' Schritte leise knirschen.

Aber er hatte keine Lust, aufzuspringen und hinauszulaufen, um ihm eine Abreibung zu verpassen. Er fühlte sich müde und kraftlos und fröstelte ein wenig. Er musste alle Kraft zusammennehmen, um etwas zu sagen.

»Sie wird kein Begräbnis bekommen. Das Presbyterium hat es schon beschlossen. Nichts ... Wie eine Verbrecherin ...«

Christian machte Fäuste. »Ich gehe zu Hauff und schlag ihm ins Gesicht.«

»Wenn uns das weiterbrächte, würde ich mitschlagen. Aber das nützt nichts. Wir müssen die Sache selber in die Hand nehmen.«

»Wie meinst du das?«

»Die Beerdigung«, sagte Harry. »Wir brauchen einen Gegenstand, der Sefchen gehört ...« Die Idee gefiel ihm. Sie war ihm in diesem Augenblick in den Sinn gesprungen, und nun entrollte sich der Rest. Er musste nur stillhalten und in sich horchen. »Wir werden diesen Gegenstand begraben und retten Josefas Seele. Wir lassen ein Licht brennen und stellen ein Kreuz auf und sprechen für sie ...« Er konnte nicht mehr unterscheiden, ob er an Sefchens Seelenheil dachte oder ob er Christians Niedergeschlagenheit bekämpfen wollte.

»Am besten auf dem Friedhof der Maxkirche«, sagte Christian. »Dort liegt ihr Großvater begraben.«

Die Vorstellung, auf einem dunklen Kirchhof herumzulaufen, machte Harry Angst.

»Aber wie kommen wir an so einen Gegenstand?«, fragte Christian.

»Wir müssen noch mal zu ihr in die Kammer. Wenn es dunkel ist«, sagte Harry und schüttelte sich.

Christian nickte müde. »Hoffentlich finden wir etwas. Am liebsten würde ich es behalten. Als Erinnerung.«

»Wir werden zwei Sachen mitnehmen. Eine begraben wir, die andere ist zur Erinnerung.«

»Ich kann nicht mehr schlafen, Harry«, sagte Christian und stand mit einem langen Seufzer auf. »Ich werde nie mehr schlafen können. Nie mehr im Leben. Wozu auch?« Dann ging er zu der leise zitternden Tür, durch die ein vom Staub funkelnder Fächer von Sonnenstrahlen fiel.

Drittes Kapitel

Die alte, halb zerfallene Kirchhofmauer an der Maxkirche hatte Harry schon immer Angst gemacht. Als er klein war, hatte ihm irgendwer erzählt, dass sie die Toten daran hindern sollte, nachts in die Stadt zu kommen. Überdies gab es an der Außenseite einen Holunderbusch, in dessen dichtem Geäst jemand einen Totenkopf gesehen hatte. Das alles war Jahre her und doch so lebendig geblieben, dass Harry sich auch heute noch, sobald er in die Nähe der Mauer kam, unwohl fühlte.

Sie standen im Treppenhaus des Pferdehändlers. Die Mauer war vier Straßen entfernt und beschäftigte ihn trotzdem. Christian tippte ihm auf den Rücken, um ihn anzutreiben. Es war dunkel, das Holz knarrte, und das Wachs der Kerze tropfte Harry auf die Hand. Jetzt würden sie Diebe werden! Der einzige Zweck ihres Einbruchs war es, etwas zu stehlen. Allerdings mit guter Absicht, sodass die Bestohlene, wenn man sie fragen könnte, keinen Einwand erhöbe. Was der Polizei aber egal wäre oder dem Gassenvogt, der sie trotzdem an den Pranger stellen würde.

Im Haus blieb alles still. Oben schlichen sie über den Flur und öffneten leise Sefchens Zimmertür. Harry stellte die Kerze auf die Kommode und zog sich einen Stoffbeutel von der Schulter, in welchem sich zwei Nägel, ein Hammer und zwei Holzleisten befanden.

Christian zog eine Schublade der Kommode auf. Hemden lagen dort, sorgsam gefaltet, es stach Harry ins Herz. Plötzlich kam ihm wieder in den Sinn, dass Josefa nicht mehr lebte, dass er nie mehr das blasse, schmale, schöne Gesicht sehen, nie mehr ihre Stimme hören würde.

Als sie Sefchen vor Jahren, mit vierzehn, fünfzehn, das erste Mal besucht hatten, im Dunkeln und voller Angst, hatte sie ihn, Harry, zuerst zu sich genommen und Christian hinausgeschickt mit der Bitte, er solle am darauf folgenden Abend wiederkommen. Christian war erleichtert gegangen, und er, Harry, allein mit Josefa im Zimmer geblieben. »Was glaubst du, was ich tun werde?«, hatte sie lachend gefragt, und er hatte irgendetwas antworten wollen. Aber seine Stimme versagte. Er konnte nicht sprechen. Es kam nur ein kurzes, krähendes Geräusch zustande, für das er sich furchtbar schämte und mit rotem Kopf auf dem Bett sitzen blieb, auf das Josefa ihn niedergedrückt hatte. Sie hatte damals mit verschränkten Armen zwischen Fenster und Kommode gestanden, ungefähr dort, wo er jetzt am Boden hockte und zusah, wie Christian die Schublade leerte. »Du hast Angst und zitterst, als ob ich dir den Kopf abschneiden wollte.« Harry konnte sich an jedes Wort erinnern. Am liebsten hätte er gesagt, dass er sich auch genau so fühlte. Aber erstens wollte er ein Mann sein und zweitens hatte er seine Stimme verloren. Also blieb er einfach sitzen und wich ihrem Blick aus, hin- und hergerissen zwischen Angst und der Lust sie anzusehen.

Sie trug ein dünnes blaues Kleid mit gelben Schleifchen an den Schultern und am Saum. »Was sollen wir tun?«, fragte sie und erhielt wieder keine Antwort. »Du bist Harry.« Dass sie seinen Namen kannte, erschreckte ihn. »Und dein Freund heißt Christian.« Sie kam auf ihn zu und setzte sich neben ihn. »Ich lege jetzt einfach meinen Arm um deine Hüfte. Dafür bist du doch hergekommen, oder?« Harry brachte ein Ja hervor. Immerhin ein richtiges Wort und nicht bloß dieses furchtbare Krähen.

Josefa roch wunderbar, gar nicht menschlich, fand er. Es war ein Duft, wie er ihn nie zuvor erlebt hatte. Nicht nur blumig-süß, so wie manche Frauen auf der Straße rochen, weil sie sich Parfüms aus Frankreich zusenden ließen. Es war stärker, herb, aber nicht unangenehm herb, sondern auf eigenartige Weise stechend. Er schloss die Augen und atmete so viel von dem Duft ein, wie er konnte. Dann lag Sefchens Hand an seinem Hals, die andere fühlte er auf seinem Schenkel liegen. »Ich gefalle euch doch, oder?« Er nickte hilflos und merkte, wie sein ganzer Körper ins Zittern geriet. »Küssen darfst du mich nicht«, sagte sie plötzlich. »Das soll man nicht, und das will ich nicht. Aber sonst …« Dann hatte sie ihn zur Seite gedrückt, bis er auf das Bett fiel, und sich ganz nah an ihn geschmiegt. Als er das nächste Mal die Augen geöffnet hatte, sah er die schöne, bleiche Landschaft ihrer Haut.

Christian hatte die zweite Schublade aus der Kommode gezogen und ausgeleert. Auf dem Boden lag ein kleiner Hügel aus Hemden und Tüchern, daneben ein Teller und eine hölzerne Dose. Er öffnete sie und nahm einen flachen Papierstapel heraus, um den ein rotes Band gewunden und mit einer Schleife versehen war. Er reichte ihn Harry, der die Schleife aufzog und das Stoffband auf die Dielen fallen ließ.

»Briefe?«, fragte Christian.

»Sie ist manchmal ins Amt gelaufen und hat sich etwas vorlesen lassen«, antwortete Harry. »Jedenfalls habe ich sie zweimal dort gesehen.« Er faltete die Papiere auseinander und überflog die Zeilen. Nach einer Weile sagte er: »Es sind keine Briefe …«

»Was sonst?«

»Eine Geschichte … Vielleicht eine Fabel …« Christian nahm die Kerze von der Kommode und hielt sie näher an das beschriebene Papier.

»*Der Wunsch*«, begann Harry leise, »*hatte sich ein herrliches Schloss gekauft. Und weil er ein stolzer Herr war mit weißen Handschuhen und gebügelten Hosen, hatte das Schloss tausend Zimmer mit Schränken voller Hosen und Handschuhe. Gegen Mittag zog der Wunsch an einer gläsernen Klingelschnur und ließ sich in Wein gekochte Gänsebrust auftragen. Einmal erschien es ihm eigenartig, dass jeder seiner Wünsche sofort in Erfüllung ging. Aber dann entsann er sich seines Wesens und fand es gerecht. Als er eines Tages wünschte, dass die Morgensonne durch eines der Westfenster fiele, weil dort ein schöner gelber Wandteppich hing, drehte sich das Schloss auf der Stelle. Der Wunsch war sehr zufrieden. Am Abend trank er ein Glas Sherry und ging zu Bett. Er träumte nichts. Aber ach, schräg hinter seinem Bett, zwischen der Konsole und dem Webstuhl, kauerte die Wirklichkeit und knotete Faden an Faden.*«

»Was ist das?«, fragte Christian. »Es gefällt mir.«

Harry nahm das nächste Blatt und las weiter vor: »*Die Wirklichkeit hatte eine moosige Höhle und darin Schutz vor Regen und Kälte gefunden. Und weil sie es verstand, von der Hand in den Mund zu leben, sehr hager war und daran gewöhnt, keinen Fetzen am Leib zu tragen, konnte man sie kaum vom Fels um sie her unterscheiden. Wenn sie im Freien ging, sah sie aus wie ein Baum oder eine Wiese. Wenn sie ein*

Stückchen flog, glaubte man im Augenwinkel Gänse zu sehen. Als es wärmer wurde, verließ sie die Höhle. Da ging ein Mörder vorbei, der trug schwer an seinem Gewissen. Aber weil er die Wirklichkeit nicht sah und nur missmutig mit sich selbst sprach, stieß er mit ihr zusammen und stürzte. Er sprang hoch, zog sein Messer und stach um sich. Als die Wirklichkeit verblutet war, fühlte sich der Mörder entbunden und atmete tief. Nie zuvor hatte er sich so leicht und frei gefühlt. Aber ach, da stand der Wunsch im Eingang der verlassenen Höhle und wollte neue Opfer suchen.«

Harry faltete die Papiere zusammen und legte sie in die Holzdose zurück. »Die nehmen wir mit. Das ist unser Andenken.«

»Aber es ist nicht von ihr«, wandte Christian ein.

»Es gehört ihr und es ist gut«, bestimmte Harry und hob einen kleinen Kamm vom Boden auf. »Den Kamm vergraben wir. Es sind noch Haare dran. So muss das nämlich sein. Ich kenne einen Mann, der hat seine Frau verloren und sich ihre Fingernägel aufgehoben. Er trägt sie in einem Amulett mit sich herum.«

Er legte die Dose und den Kamm in seinen Stoffbeutel. Als er die Kerze nehmen wollte, die Christian wieder auf die Kommode gestellt hatte, fiel sie ihm hin und rollte brennend auf das Bett zu. Harry ließ den Beutel fallen und kroch ihr nach. Aber sie war schneller und verschwand in dem fußbreiten Spalt über dem Boden. Harry legte sich auf die Seite, streckte den Arm aus und tastete sich bis zur Wand vor. Der Docht brannte weiter.

»Da liegt was.«

»Wo?«

»Hier unterm Bett. Hinten an der Wand …« Harry holte die Kerze hervor, stellte sie neben sich auf die Dielen und legte sich noch einmal auf die Seite. »Ich kann es fühlen. Metall … und Holz …« Als er sich wieder aufrichtete, hielt er ein blitzendes, faustgroßes Ding in der Hand, das auf den ersten Blick so fremd und seltsam aussah, dass er es sofort wieder hinlegen wollte.

»Ein Vogelkopf …«, sagte Christian und nahm ihm den Gegenstand aus der Hand. »Ein abgebrochener Gehstockknauf …« Er hielt das Ding ins flackernde Licht der Kerze. »Und das hier ist … Blut … verkrustet und trocken …«

»Wenn es Blut ist …«, flüsterte Harry. »Wenn es wirklich Blut ist, dann bedeutet das …« Er konnte nicht weitersprechen. Plötzlich nahmen ihn Erinnerungen gefangen, von denen er nicht wusste, warum sie gerade in diesem Moment auf ihn einstürzten.

Sefchen! Am folgenden Abend, nachdem Harry damals bei ihr gewesen war, hatte sich auch Christian noch einmal zu ihr hin getraut. Harry begleitete ihn bis vor die Tür und sie verabredeten eine Zeit. Christian stand die Angst ins Gesicht geschrieben. Dabei ging es um die schönste Sache der Welt. Was Christian nicht wissen konnte. Auch war er nicht sicher, ob das Abenteuer so gut ausgehen würde wie bei Harry. Viele Male hatte Christian den Ernstfall mit der Hand geprobt – und war gescheitert. Die Enge des vorderen Häutchens war das Problem. »Trotzdem«, hatte Harry erklärt. »Du musst es versuchen. Vielleicht geht es besser, als wir denken …«

Es ging nicht besser. Es ging nicht einmal gut. Es ging gar nicht! Als Christian nach einer halben Stunde wieder aus der

Haustür gekommen war, hatte Harry sofort gesehen, was passiert war – oder besser: was eben nicht passiert war.

Eine Weile gingen sie schweigend nebeneinander her. Dann sagte Christian: »Sie ist das schönste Mädchen, das ich je gesehen habe. Und ich saß da wie ein Esel …« Aber Josefa habe ihn nicht etwa ausgelacht. Sie habe sich den Schaden genau angesehen. Dann habe sie gesagt, das sei gar nichts und er solle sich nur ja keine Gedanken machen. Sie habe eine Tante, die wisse, wo man einen kleinen Schnitt in das Häutchen setzen müsse, und in zwei Wochen sei alles verheilt und so gut wie nie in der Welt gewesen. »Stell dir vor, Harry. Sie hat es mir in die Hand versprochen. Sie hat meine Hände genommen und gesagt, dass ich mir überhaupt keine Sorgen machen und bloß nicht glauben soll, ich sei wegen so was kein richtiger Mann.«

Christian und Harry hatten dann noch eine ganze Weile darüber gesprochen, wie ungewöhnlich Sefchens Verhalten war, wenn man ihre gesellschaftliche Stellung in Betracht zog. Es war bekannt und üblich, dass Mädchen wie Sefchen frech und unfreundlich waren, was niemand verwunderte. Sie nutzten jede Gelegenheit, um sich zu rächen, sei es, dass sie die Kleider der Männer heimlich nach Geld durchsuchten oder ihnen Unglücksbringer wie Katzenpfoten oder Ziegenkot in die Taschen legten.

Die kleine, für Christian dennoch peinliche Operation wurde eine Woche später durchgeführt und verlief so unschwierig, wie Josefa es in Erwartung gestellt hatte. Ihre Tante wohnte in der Nähe von Himmelgeist, einem Bündel kleiner Höfe, zwei Rheinschleifen südlich von Düsseldorf. Der Eingriff kostete achtzehn Stüber, die Christian im Voraus zu bezahlen hatte, und dauerte nicht länger als eine Viertelstunde. Harry assistierte. Es gab Rum zu trinken. Christian bekam sechs Gläser, Harry nahm ein halbes und musste mit ruhigen Händen das zu enge Häutchen auseinander ziehen. Sie lachten viel dabei, alberten herum, und um ein Haar hätte sich Christian, immer betrunkener werdend, an der Klinge geschnitten, mit der der Eingriff vorgenommen werden sollte. Die Frau war eine zierliche Person, mütterlich, mit zarten schwarzen Härchen auf der Oberlippe. Sie legte Tücher bereit, allerlei Wundverbände und eine Serie geheimnisvoller Schalen mit Tinkturen und Salben, allesamt selbst gemacht, wie sie erzählte, und »medizinisch äußerst kostbar«.

Dann kam der entscheidende Moment. Harry zog die Haut breit auseinander, die Frau nahm die Klinge zur Hand und führte ebenso schnell wie geschickt einen kurzen, geraden Schnitt quer zu der hinderlichen Enge aus. Das Häutchen sprang einen kleinen Keil weit auf und blutete… »Du hast es geschafft, Alter«, rief Harry. »Das sieht sehr gut aus.« Die Frau applizierte ihre Salben und Wasser, tupfte, legte kleine Wundtücher an und verband das Ganze zu einem stattlichen Knäuel, das wie ein vergessener Wäschebeutel zwischen Christians Schenkeln liegen blieb. Der Patient lag mit aufgerissenen Augen und blau gebissenen Lippen da und grinste.

Am Nachmittag kam Harry mit einem Leiterwagen, mit dem er Christian zum Rhein zog. Eine Mietfähre brachte die beiden Freunde noch vor Einbruch der Dunkelheit nach Düsseldorf zurück. Nur der Weg durch die Straßen und den Garten bis zum Hinterhaus der Sethes wurde schlimm. Auf der Treppe stieß Christian auf jeder Stufe einen kurzen Schrei aus, während Harry der Mutter und der Schwester die Geschichte eines komplizierten, gefährlichen und doch noch glücklich verlaufenen Sturzes erzählte, der dem armen Christian genau dort den größten Schaden zugefügt habe, wo es den Männern am wehesten tut. Mutter und Tochter wurden rot und schweigsam und waren froh, dass Harry da war, selbst ein Mann, der sich ohne Zögern anbot, den Sohn und Bruder und vor allem jene heikle Wunde während der nächsten Tage eigenhändig zu versorgen. Mehr bedürfe es nicht. Ein Arzt müsse nicht geholt werden, das sei ganz unnötig …

Die Heilung dauerte zehn Tage. Aber schon am achten wackelte Christian ohne festen Verband wie ein Ganter durch das Haus. Einen Monat später dann hatte er sich wieder zu Sefchen geschlichen. In der Tasche ein Geschenk. In seinem Herzen die bange Gewissheit, dass er die Kammer im Hause des Pferdehändlers als Knabe betreten, aber als Mann verlassen werde.

Viertes Kapitel

Unten auf der Liefergasse brannte in einiger Entfernung vom Haus des Pferdehändlers eine einzelne Laterne. Jeden Moment musste der Laternenwächter auftauchen, um sie zu löschen. Der Weg, den er jeden Abend ging, begann im Osten am neuen Ratinger Tor. Von dort folgte er der Ratinger Straße bis zur Alten Stadt, bog links in die Crämerstraße ein und arbeitete sich durch die Mühlenstraße, Hunsrückenstraße und Wallstraße im Zickzack bis zur Liefergasse vor. Genau diesen Augenblick wollten Harry und Christian abpassen und dem Wächter bis zur Maxkirche folgen, um dort ungestört über die Kirchhofmauer zu klettern.

Harry wurde immer unsicherer, ob sie das Richtige taten. Im Grunde stellte die Entdeckung des silbernen Adlerkopfs auch die Notwendigkeit der Totenfeier in ein neues Licht. Wenn Sefchen sich nicht selbst getötet hätte und sich dies nachweisen ließe, würde sich niemand mehr gegen eine ordentliche Beerdigung aussprechen.

»Sollen wir nicht warten?«, fragte er leise.

Sie überquerten die Straße. Christian ging vorne weg. »Auf den Laternenwächter? Klar, was sonst?«

»Ich meine nicht den Wächter«, sagte Harry. »Ich meine unsere Unternehmung auf dem Kirchhof.«

Christian legte einen Schritt zu und zog seinen Freund in den Schatten eines Hofeingangs, von dem aus die Straße mitsamt der Laterne zu übersehen war.

»Was soll das?«, fragte er. »Hast du Schiss?«

»Ja, aber darum geht es nicht. Ich meine, wir haben doch diesen Stockknauf gefunden ... Sefchen hat sich also nicht selbst getötet.«

»Ist mir klar«, flüsterte Christian. »Trotzdem sollten wir tun, was wir uns vorgenommen haben. Und morgen zeigen wir den Stockknauf meinem Vater.«

Harry war einverstanden. Ungeachtet dessen hatte er Angst. »Soll ich dir sagen, was mich nervös macht? Wir haben Sefchens Kamm und glauben, dass es ihr hilft, wenn wir ihn beerdigen. Wir tun so, als ob ein toter Gegenstand eine Wirkung auf einen toten Menschen ausüben kann.«

»Hör auf, Harry!«, zischte Christian. »Das klingt nicht sehr ermutigend.«

»Lass mich das jetzt sagen! Wir glauben also an eine spirituelle Verbindung zwischen dem Kamm und Sefchen. Müssen wir auch, sonst wäre die ganze Totenfeier eine Farce. Nun sag mir aber, Christian Sethe, wenn dieses Spirituelle existiert, wenn es wirklich eine Verbindung zwischen Diesseits und Jenseits gibt, was soll dann die Toten auf dem Kirchhof der Maxkirche daran hindern, nachts über die Mauer zu klettern und durch die Gegend zu laufen?«

Christian schnaufte. Dann sagte er: »Glauben wir an Gott oder nicht?«

Harry war nicht sicher, was Christian damit sagen wollte. »Du hältst es also auch für möglich.«

Christian antwortete nicht.

»Wir halten die Hände blind in eine Geisterwelt hinein«, fuhr Harry fort. »Wir wissen überhaupt nicht, was wir dort umrühren. Wir versuchen etwas. Wir meinen es von Herzen gut. Aber wir haben keine Ahnung, wie die Geister und die

Toten und der liebe Gott darüber denken.« Plötzlich tat es ihm Leid, überhaupt davon angefangen zu haben. Seine Angst wurde nur immer verschwommener und hüllte ihn ein wie Nebel. Er hatte nichts erreicht, außer Christian in dieselbe Unsicherheit zu werfen, der er selbst entfliehen wollte.

Vom Marktplatz her echoten Schritte die Straße herauf. Christian und Harry drückten sich tiefer in ihr Versteck. Es war der Laternenwächter. Er hatte sich die Kapuze über den Kopf gezogen und trug eine lange Hakenstange, mit der er die hoch hängenden Ampeln von den Hauswänden heben konnte, um sie auszublasen. Er war noch ein gutes Stück entfernt und kam, wie meistens, ein wenig wankend daher.

»Ich hätte gar nicht davon anfangen sollen«, flüsterte Harry und ließ den Wächter nicht aus den Augen.

»Blödsinn«, sagte Christian in einem Ton, der verriet, dass er tatsächlich unsicher geworden war.

»Wir wissen ja nicht einmal, ob es überhaupt eine Geisterwelt gibt.« Harry presste den Stoffbeutel an die Brust. Jetzt wurde alles noch schlimmer. Aber er merkte, dass er es nicht zurückhalten konnte. Seine Zweifel mussten heraus.

»Schließlich ist doch auch denkbar, dass die Dinge nur das sind, was sie scheinen. Sonst nichts. Keine Seelen, keine Wesen im Jenseits. Der Kamm ist nichts als ein Stück Holz und der Mensch nichts als ein Körper, der lebendig ist, und wenn er stirbt, ist er reglos und verwest.«

Der Wächter klopfte beim Gehen mit der Hakenstange auf das Pflaster.

»Das ist undenkbar, Harry.«

»Warum?«

»Weil jedes Ding irgendwie in die Welt kommen muss. Entweder wird es von Menschen gemacht oder von Gott.«

»Und wenn es nicht so ist? Wenn alles nur eine unendliche Kette von Ursachen und Wirkungen wäre?«

Das Klopfen wurde lauter. Sie duckten sich, während der Laternenwächter die Straße überquerte und auf sie zukam.

Was er soeben gesagt hatte, dass es vielleicht keinen Gott gebe, erschreckte Harry jetzt selbst. Die Vorstellung von solcher Leere war noch beunruhigender als die einer zwar unbekannten, aber doch mit dem Diesseits verbundenen Geisterwelt. Einer Welt, die bloß maschinenhaft war, würde jeder tiefere Sinn fehlen, sie wäre ein kaltes, herzloses Getriebe, in welchem sich der Einzelmensch drehen und wenden mochte, wie er wollte, und doch kein höheres Ziel erreichen konnte.

»Nein«, sagte Harry sehr leise. »So kann es nicht sein …«

Der Laternenwächter war jetzt nur noch ein paar Schritte entfernt. Man hörte sein Keuchen. Christian fasste Harrys Arm. Harry war überrascht, dass er selbst ziemlich ruhig blieb. Der betrunkene Wächter machte ihm keine Angst. Im Ernstfall würden sie einfach davonlaufen. Viel schlimmer war die Kirchhofmauer, die Toten dahinter, der Adlerkopf und eine leere Welt ohne Gott und Sinn …

Als der Mann vorüber war, flüsterte Harry fast unhörbar: »Ich habe die Lösung. Ich weiß jetzt, warum die Dinge mehr sind, als wir sehen. Weil unsere Sprache unzulänglich ist, Christian. Gott hat uns zwar Worte gegeben, mit denen wir die Welt bauen …«

»Die Welt ist von Gott gebaut«, wandte Christian ein. »Müssen wir das unbedingt jetzt diskutieren?«

»Gott macht die Welt und also auch uns, die wir die Welt

mit Namen versehen. Also gibt es eine Welt Gottes, die wir nicht sehen, und eine Welt der Menschen, die wir zwar erkennen, die uns aber geheimnisvoll erscheint, weil hinter ihr die erste, geistige besteht und wir ein Teil von beiden sind.«

»Und so was fällt dir ausgerechnet jetzt ein?« meckerte Christian.

Der Wächter hob die Stange, nahm die Laterne herunter und löschte sie. Es wurde so dunkel, dass Harry im ersten Moment nicht einmal mehr Christians Silhouette sah. Dann gewöhnten sich die Augen. Harry öffnete den Beutel und nahm eine der Kerzen und die Schwefelhölzer heraus. Mit dem Anzünden wartete er. Das Klopfen der Stange wurde leiser.

»Ich entscheide jetzt«, sagte Harry leise, »dass in Sefchens Kamm ein Geist enthalten ist, der ihr und uns helfen wird … Wie soll die Welt und das Leben sonst einen Sinn haben?« Er machte den Beutel zu und trat auf die schwarze offene Straße hinaus. »Einen Beweis dafür haben wir nicht. Wir wissen nur, dass Josefa tot ist, dass sie von allen verachtet wird und ohne uns für das Paradies im eurem Christenhimmel verloren wäre. Wenn das nicht Grund genug ist für unsere Totenfeier und meine Angst nicht besiegt, dann sind wir das Wachs dieser Kerze nicht wert, Christian Sethe, dann sind wir beide größere Lumpenhunde als alle anderen.«

Das Klopfen des Laternenwächters war jetzt so leise geworden, dass es Zeit wurde, ihm zu folgen.

Fünftes Kapitel

Harry hatte sich entschieden und wollte dazu stehen, egal, was vor oder hinter der Kirchhofmauer geschehen würde. Christian hatte sich daran gewöhnt, dass sein Freund von Zeit zu Zeit, vor allem wenn er nicht mehr weiter wusste, »Pathos zeigte«. Pathos zeigen, befand Harry, sei der treffende Ausdruck für einen solchen Kraftakt. Pathos verbinde Moral und Würde zwar mit einem Hauch Lächerlichkeit, aber es gebe ja sowieso nichts ausschließlich Ernstes. Noch dem schlimmsten Schmerz, behauptete er, hafte etwas Komisches an, ein verdrehter Humor, der einem das Herz zerreißen könne, während er das Ernste lächerlich und belanglos erscheinen lasse.

Einmal hatte er mit angesehen, wie sich ein Metzger auf dem Marktplatz versehentlich einen Finger abhackte. Ein grausiges Unglück. Der Finger sprang wie ein Stück Wurst über das Pflaster, ein paar Frauen schrien. Der Mann glotzte auf seine verstümmelte Hand. Das Beil in seiner Rechten fiel zu Boden und machte ein helles, fast fröhlich klingendes Geräusch, als hätte es läuten wollen. Dem Metzger wurden die Knie weich, er sackte langsam zusammen und setzte sich neben seinen Tisch. Dort blieb er verdutzt, im Gesicht so weiß wie Kreide, sitzen und schaute zu, wie seine Hand zu bluten anfing. Die Neugierigen standen dicht um ihn herum und starrten, er, Harry, in der allerersten Reihe, gelähmt, betroffen, ungläubig wie alle. Was ihm dort in den Sinn kam, war beschämend; dabei wollte er *ernst* sein und mitleiden. Der

Verletzte fing an zu wimmern, während er, Harry, immerzu nur daran dachte, dass man den Finger retten und den Metzger fortwerfen solle … Ihm war übel geworden vor Entsetzen über sich selbst, aber die Idee ließ ihn nicht los. Der Finger sprang auf, hüpfte zum Wundarzt und wurde verbunden. Der Mann blieb unbeachtet hocken und wurde, nachdem die Leute sich verlaufen hatten, vom Abdecker aufgehoben und auf einen Karren geworfen, ohne dass jemand Anstoß daran nahm. Und während sich in Wirklichkeit endlich eine Frau mit Tüchern und einem Glas Schnaps durch die Menge drängelte, um dem Verletzten zu helfen, hatte sich Harry das Lachen kaum verkneifen können. Die Augen hatten ihm getränt – vor mühsam verborgener, schwer zu bändigender Heiterkeit.

Christian und er gingen an den dunklen Häusern vorbei auf die Maxkirche zu, deren Turm schwarz und starr über den Dächern stand. Hier und da schimmerte Licht in den Fenstern, manchmal drangen gedämpfte Stimmen nach draußen.

Es war nicht ungefährlich, um diese Zeit durch die Straßen zu laufen. Nicht dass es verboten gewesen wäre. Aber wer bei Dunkelheit, nach dem Löschen der Laternen, dem Gassenvogt oder einem seiner Helfer in die Arme lief, brauchte entweder eine glaubhafte Erklärung, einen guten Namen oder etwas Kleingeld, um nicht als Dieb zu gelten. Wer sich nachts etwas zuschulden kommen ließ, hatte härtere Strafen zu erwarten als am Tage.

Die Eltern glaubten, ihre Söhne übernachteten bei Freunden. Wenn man sie jetzt aufgriff, und gar jenseits der Friedhofsmauern, waren die Folgen sicher äußerst unangenehm.

Harrys Angst vor der Mauer wuchs, je näher sie kamen.

Vor Jahren hatte er einmal geglaubt, die Mauer würde umfallen. Er war zehn oder elf und mit seinem Vater am Rhein gewesen, um Fisch zu kaufen. Sie gingen die Hafenstraße hinauf, an der Maxkirche vorbei, und bogen in die Bergerstraße. Im Augenwinkel sah er, dass die Kirchhofmauer nach hinten fiel. Er sah es so deutlich, dass er jeden Augenblick ein Bersten und Dröhnen zu hören erwartete und vor Angst die Augen schloss. Aber nichts geschah. Er machte die Augen wieder auf. Die Mauer stand aufrecht und fest wie immer. Unter dem Holunderbusch schoss eine Katze hervor, fegte dicht vor ihnen über die Straße und verschwand durch einen Lattenzaun in einem Garten.

Bloße Einbildung? Zu viel Phantasie? Nichts als Täuschung? … Beunruhigt hatte ihn das Erlebnis trotzdem, und es hatte seit damals immer wieder Augenblicke gegeben, in denen er Zweifel empfand, ob sein Verstand gesund war. Andere Menschen jedenfalls sahen wohl keine Mauern umstürzen und sie mussten auch nicht im Anblick eines Unglücks lachen.

Harry betrachtete die schwachen Konturen der Häuser und ihrer Dächer genau. Jetzt würde jeden Moment der Holunderbusch zu sehen sein und mit ihm die schwarzgraue Flucht der Mauer.

»Ich denke, wir erledigen das Ganze so knapp und schnell, wie es eben geht«, sagte er. »Ich hefte das Kreuz zusammen und nagele es an einen Baumstamm. Du machst ein kleines Loch in den Boden … Wenn ich nur wüsste, was wir sagen sollen. Wir müssen doch etwas sagen, irgendwas halbwegs Gescheites … Du bist der Christ von uns beiden, Christian …« Er lachte gekünstelt. Im Moment erschien ihm ihr Vorhaben kindisch, grotesk, banal und ganz und gar wirkungslos. Aber dann klammerte er sich an das *Pathos* und fasste wieder Mut.

Der Holunderbusch war jetzt ein haushoher schwarzer Pilz, der von links über den Vorplatz der Kirche fiel. Harry vermied es, allzu lange dort hinzusehen. Was war nicht schon alles passiert, nur weil einer seinen Blick nicht hatte abwenden können von einer Gefahr? Und wenn dort jetzt auch kein Totenkopf lag, so war es doch allemal möglich, dass ein frecher Blick ihn herbeirief.

Im Näherkommen bekam der Busch kahle Zweige, stärkeres Geäst, und hinter ihm stand die Mauer als eine mächtige, hohe, schwarze Wand, hinter der sich die noch höheren Kronen der Buchen, Birken und Linden des Friedhofs gegen den sternenlosen Himmel abhoben. Hinter den Wolken schien der Mond. Ohne ihn, wusste Harry, wären sie in dieser Nacht nicht fähig, einen Fuß vor den anderen zu setzen in diesem Nichts... Vincenzino Bozzi fiel ihm ein, ein junger Lehrer am Lyzeum, Jesuit und einer der wenigen, die sich für die Jungen interessiert und nicht bloß den Lehrstoff im Kopf gehabt hatten. Bozzi hatte die Kunst beherrscht, den Unterricht mit allerlei Geschichten aufzulockern. Einmal hatte er allen in der Klasse einen gehörigen Schreck eingejagt. Jetzt stellt euch vor, hatte Bozzi gesagt, die Sonne, der Mond, die Sterne und auch die Erde seien unbewohnt, alles nur tote Sternenkörper ... Und stellt euch vor, es hätte nie ein Leben gegeben in diesem Weltall und würde auch in keiner Zukunft Leben geben. Also nichts in noch so tiefer Vergangenheit und nichts in einem noch so fernen Morgen ... Es war grauenvoll. Jeder in der Klasse hatte es gefühlt. Nichts also außer einem Meer schweigender Gestirne. Und niemand, der diese traurige ewige Stille, diesen unermesslichen Tod je würde wahrnehmen können, denn wo kein Lebewesen ist, begabt mit Verstand und Sinnen, dort ist kein Wissen von etwas und keine Wahrnehmung … Bozzi selbst hatte sich geschüttelt vor innerer Kälte.

Harry blieb stehen.

»Was ist?«, fragte Christian.

»Nichts.«

»Warum bleibst du dann stehen?«

»Weil ich was gehört habe.«

»Wo?«

»Bei der Kirche, glaube ich«, sagte Harry leise. Er war nicht sicher, aber es hatte wie Schritte geklungen. Er ging weiter. Sie kamen an das hohe Gittertor dicht neben der Kirche, das von weitem aussah wie ein lachendes Gesicht. Dort, wo die Scharniere waren, konnte man hochklettern und hinüberspringen.

Christian kletterte als Erster und sprang. Harry warf den Beutel über das Tor und folgte. Hier unter den Bäumen war es noch dunkler als draußen. Harry entzündete die Kerze und suchte zwischen den Kreuzen und Grabsteinen einen Weg. Die Angst sprang dicht neben ihm her, lachte und schrie. Vielleicht, weil sie gute Karten hat, dachte Harry. Fliehen war nicht mehr möglich. Sie mussten die Sache nolens volens zu einem Ende bringen. Im Guten oder Schlechten.

»Jetzt habe ich es auch gehört«, sagte Christian.

Die Angst machte einen Purzelbaum. Harry lauschte. Es war irgendwo in der Nähe der Kirche. »Vielleicht eine Katze …«

»Wahrscheinlich«, antwortete Christian.

Die Angst stellte sich frech in den Weg, drohte, schlug, kratzte. Harry hielt das Licht mit ausgestrecktem Arm vor sich hin, als ließe sich damit der Weg besser finden. Aber es blendete nur. Sie gingen vorbei an stolzen Familien, im Kindbett verstorbenen Frauen, erschossenen Soldaten und ungeborenen Kindern, an verhungerten Mägden, erschlagenen Geldverleihern und verbluteten Kranken, an gestürzten Tänzern und vergifteten Liebhabern, an verbrannter Haut, zerbissenen Lippen und gebrochenen Herzen … Der ganze Kirchhof war eine große, stille Bühne vergangener Schicksale, verblasster Leiden und vergessener Freuden.

Christian lenkte Harry hin und wieder flüsternd mal nach rechts, dann nach links. Neben dem Stamm einer Linde blieb er stehen und deutete auf einen Stein. *Melchior Edel, geb. 1730, gest. 1791*. Harry packte den Beutel aus, legte Sefchens Kamm auf die Grabplatte und begann, die beiden Holzleisten als Kreuz zusammenzunageln. Christian grub das Loch in die Erde. Harry schlug das Kreuz mit dem zweiten Nagel an den Lindenstamm, legte den Kamm in die kleine Grube und sagte mit feierlicher Stimme: »Dies, Freundin, ist unser letzter Gruß, geworfen aus der hellen Höhe unseres Lebens in die Tiefe deines Todes … Nein, das ist Mist. Ich weiß nicht, was ich sagen soll.«

»Wir sagen gar nichts«, schlug Christian vor. »Besser als etwas Falsches.«

Harry war sofort einverstanden.

»Hörst du das? Es kommt von dort …« Christian zeigte irgendwo in die Schwärze und hielt die Luft an. Es war ein Rascheln, aber seltsam rhythmisch.

Harry beeilte sich, das Loch zuzuschütten und mit etwas

Laub und Steinen zu tarnen. Christian hob den Hammer auf, um das Kreuz vom Baumstamm los zu hebeln.

»Es hängt sowieso falsch herum. Es hat sich gedreht«, sagte er.

Harry sah auf das Kreuz. Tatsächlich hing es verkehrt herum am Stamm, es sah abscheulich aus, wie der Martertod des Paulus in Rom … Harry nahm Christian den Hammer aus der Hand. Mit einem Griff hatte er das Kreuz vom Stamm gelöst. Sie packten alles in den Beutel zurück und banden ihn zu. Christian ging vor und hatte das Licht in der Hand. Harry rang mit der Angst, die sich ihm immer wieder in den Weg stellte, um ihn herumlief, ihn an den Haaren zog und ihm Gemeinheiten zuflüsterte. Er wehrte sich mit selbst gemachten Versen … »Das Tier hat viel Gekröse, die Menschen haben's auch. Wer Weiber liebt, ist böse, drum lieb ich meinen Bauch. Die Angst will uns ersticken, drum rette sich, wer kann. Ich will nie wieder ficken, obwohl, ich bin ein Mann …«

»Hör auf damit, Harry!«, zischte Christian. Beide hörten sie mit angehaltenem Atem, wie irgendwo vor ihnen im Dunkeln das Tor in den Scharnieren klapperte. Nichts war zu sehen. Eine Sekunde blieb es still. Dann folgte ein Aufschlag und ein gedämpfter Schrei, der zwischen den Häuserwänden widerhallte. Schließlich Schritte, gehetzt, unterbrochen von Stolpern, Rutschen, Stöhnen.

Sie warteten mit klopfenden Herzen, bis sich der Lärm verloren hatte. Dann suchten sie schweigend im flackernden Licht der Kerze das Friedhofstor.

Sechstes Kapitel

Die Möglichkeit, es seien wandelnde Tote gewesen, die sie am Friedhofstor gehört hatten, wurde von Harry einen Tag lang weder gänzlich verworfen noch ernsthaft in Erwägung gezogen. Christian lachte ihn aus. »Selbst wenn es so war«, erklärte er grimmig, »es ist uns doch nichts passiert.« Noch am selben Abend wurde er eines Besseren belehrt.

Nicht, dass wirklich Tote über die Mauer geklettert wären; wohl aber Moritz Gumpertz, der sie in der Nacht verfolgt und beobachtet hatte. Er konnte bezeugen, dass Christian Sethe und Harry Heine in der Nacht zum Donnerstag den Kirchhof der Maxkirche entweiht und eine Teufelsmesse mit verkehrtem Kreuz abgehalten hätten. Das wog schwer. Und weil Christian christlich getauft und Harry Jude war, hatte sich Moritz zweifach als Zeuge angeboten: dem Pfarrer Peter Hauff und dem Rabbiner Löb Aron Scheuer, die sich unverzüglich zusammengesetzt und den Beschluss gefasst hatten, die Eltern der Beschuldigten hinzuzuziehen. Denn eine Gotteslästerung wie die von Gumpertz geschilderte war, wenn sie tatsächlich stattgefunden hatte, auf keinen Fall entschuldbar.

Harry ahnte, was auf Christian und ihn zukam. Die Untersuchung fand im Hause Heine statt. Gegen sechs Uhr abends erschienen Herr und Frau Prokurator Sethe nebst Sohn. Samson und Peira trugen ihre Feiertagssachen und dazu Gesichter, die nichts Gutes verhießen. Offensichtlich hatten Hauff und Scheuer einiges durchblicken lassen.

Harry hatte sich eine Verteidigungsstrategie zurechtgelegt

und mit Christian abgesprochen. Sehr viel helfen würde das nicht. Jedenfalls mussten sie sich nicht schuldig fühlen und brauchten nicht zu lügen. Das Missverständnis der »Teufelsmesse« würde sich zweifellos ausräumen lassen. Aber darüber hinaus stand nun auch die Ehrenrettung der Josefa Edel an und die Klärung dessen, was sich am vergangenen Samstagabend im Haus des Pferdehändlers Muth wirklich zugetragen hatte.

Alle saßen bereits am großen Tisch in der Stube und warteten auf Harry. Er hatte sich kurz vor Beginn des Schauspiels, wie er es für sich nannte, entschuldigt und war in den Flur gegangen, um ein wenig Ruhe zu sammeln. Christian saß kalkweiß drinnen und hatte ihm verwundert nachgeschaut.

Aus der offenen Stubentür drang kein Geräusch in den Flur, niemand sprach. Harry wünschte sich sehr, dass ein Gespräch aufkäme, etwas Belangloses, das die Spannung ein wenig hätte lösen können. Aber das war die Natur solcher Spannung, dass sie sich selbst am Leben hielt und nicht zuließ, dass eine Ablenkung geschah. Die Beklemmung hatte sich wie eine schwere Filzdecke auf seine Brust gelegt und ließ sich nicht einfach wieder abwerfen; so ging es gewiss jedem dort drinnen. Sein Herz verlor manchmal den üblichen Rhythmus, er fühlte es beim Atmen.

Er entschloss sich wieder hineinzugehen und wollte sich soeben umdrehen, als er durch das Hoffenster ein Gesicht sah, das ihn einen Augenblick lang anstarrte und dann verschwand. Moritz Gumpertz. Den das Gewissen plagen mochte oder nicht. Der vielleicht wirklich glaubte, Christian und er seien töricht genug, eine blasphemische Messe zu feiern. Es war einerlei. Er hatte nicht mal Lust, Moritz zu verprügeln. Blödheit war nicht verwerflich, sondern nur ein Grund, mitleidig zu sein.

Harry fasste sich an den Bauch, verzog das Gesicht und trat durch die Tür in die Stube. »Pardon. Mein verflixter Magen, und erst die Verdauung …«

»Was sagst du denn da, Harry!« Peira rückte ihren Stuhl zurecht und blickte unruhig in die Gesichter der Gäste.

Samson Heine saß ihr gegenüber und sah aus, als sei er selbst der Angeklagte. Die Nase leuchtete rot und sein Atem rasselte leise.

Links neben ihm saß Pfarrer Hauff, ein stämmiger Mensch mit rundem, gutmütigem Gesicht und herrlichen Segelohren. Christians Eltern hatten am Tischende, gleich vor dem Kachelofen, Platz genommen. Der Prokurator trug seinen ernsten, blauen Kanzleirock, dessen Kragen starr und spitz wie eine Eisenrüstung in die Stubenluft stach. Seine zarte Frau hatte die weißen Hände vor sich auf die Tischdecke übereinander gelegt und bewegte ab und zu die Kieferknochen.

Harry zögerte einen Augenblick. Dann entschied er sich die ganze schwierige Strecke zu gehen. Es hatte keinen Sinn, sich zu zieren. Wenn er jetzt nicht deutlich aussprach, was passiert war, und zwar von Anfang an, würde die Kette der Missverständnisse nie abreißen.

»Ich möchte etwas klarstellen.« Er überlegte, wie er es treffend sagen könnte. »Alles begann damit, dass Christian und ich älter wurden … und uns niemand die Liebe erklärte.«

Damit wusste allerdings keiner etwas anzufangen. Schließlich brach der Rabbiner Scheuer das Schweigen, ein schlanker Mann mit tänzerischen Bewegungen, selbst wenn er saß.

»Unsere Liebe zeigen wir alle Tage«, sagte er zaghaft. »Wir lieben mit der ganzen Kraft unseres Herzens.«

»Sie wissen, dass ich nicht diese Art Liebe meine«, sagte Harry angriffslustig und achtete im Augenwinkel auf Peira. Christian und er nahmen das untere Tischende ein; sie waren die Angeklagten. Peira, links neben ihm, zuckte zusammen, spielte mit den Händen am Mund, beugte sich vor und zurück.

Harry holte Luft. »Ich meine die andere Liebe. Die körperliche.«

»Harry!«

»Ja, Mama?«

Peira suchte Samsons Blick. Aber der schaute nur umherschweifend über den leeren Tisch.

»Was soll das heißen? *Körperlich*?« Der Prokurator Sethe war sichtlich bemüht, die Fassung zu wahren. Seine Augen zwinkerten öfter als üblich.

»Körperlich eben …«, sagte Christian, als sei es das normalste Wort der Welt. »Fleischlich …« Sein Gesicht wurde noch roter als Samsons. »Man wächst so heran, Vater. Und plötzlich verändert man sich.«

»Selbstverständlich. Das ist der Lauf der Welt. Was soll das jetzt?« Sein Vater mahlte ungeduldig mit den Zähnen. Christians Gesichtsfarbe wechselte ins Blasse.

»Ich habe mich jedenfalls eines Tages sehr erschreckt«, sagte er.

»Das wirst du schon noch verstehen.«

»Ich habe es schon verstanden, Vater.«

»Dann ist ja gut.«

»Nein«, konterte Christian.

Das Gesicht des Prokurators versteinerte. Er schwieg angestrengt.

»Immer sagt ihr, dass das alles von alleine kommt«, setzte Christian hinzu. »Aber das stimmt nicht. Manche Dinge passieren nicht von alleine.«

»Ich verstehe nicht, was du meinst«, sagte der Prokurator mit gefährlich bebender Stimme.

Frau Sethe konnte nicht mehr an sich halten. »Merkst du denn gar nicht, Junge, wie sehr du uns hier in Verlegenheit bringst?« Sie lächelte den Heines verlegen zu.

»Sag jetzt klipp und klar, was Sache ist, Christian!«, befahl der Vater. Seine Geduld war offenbar verbraucht.

»Ich glaube, dass du im Begriff bist, uns hier eine Lüge aufzutischen, eine Erfindung jedenfalls, mit deren Hilfe du vermutlich von etwas anderem ablenken willst.«

»Ich habe doch noch gar nichts gesagt.« Christians Hände zitterten.

»Ich warne dich, Junge!«

»Warum, Vater?«

»Du willst uns blamieren.«

»Ich will etwas erklären.«

»Es geht hier um Gotteslästerung, um sonst gar nichts.«

»Was ich sagen will, hat damit zu tun.«

»Unsinn!«

»Aber du musst es mich erklären lassen!«, rief Christian. Er hatte Tränen in den Augen.

»Ich spüre, dass du uns anlügen willst«, schrie der Vater.

Seine Frau mischte sich ein: »Jetzt lass ihn doch sagen, was er sagen will, Christoph!«

»Ja … etwas *Fleischliches*!«, polterte der Prokurator und

sprang von seinem Stuhl hoch. »Ich höre es schon! Und morgen wird die ganze Stadt über mich reden.«

»Über *uns*, Christoph«, verbesserte seine Frau.

»Was?... Ja. Umso schlimmer. Nein! Ich verbiete es. Ich will das verhandelt sehen, wozu wir hier versammelt sind.«

»Aber genau darum geht es, Herr Prokurator«, sagte Harry, nicht laut, aber deutlich genug, dass alle ihn ansahen. Eine Pause entstand. Harry nutzte sie, um seine Worte, seinen Ton genau zu wählen. »Verzeihen Sie, Herr Prokurator. Um Ihnen zu zeigen, dass die von Moritz Gumpertz vorgebrachte Anklage unzutreffend ist, muss ich Ihnen eine Geschichte erzählen.« Er zögerte nicht, sondern fuhr gleich fort. »Sehen Sie, Christian ist christlich getauft und ich jüdisch. Sie verstehen doch, was das bedeutet.« Jetzt blickte er den Prokurator abwartend an.

»Keineswegs. Du musst dich schon ein bisschen klarer ausdrücken, Junge.«

»Ich meine, nach der Geburt eines jüdischen Jungen ...« Aber es hatte keinen Zweck. Der Prokurator wurde immer wütender.

»Willst du mir Religionsunterricht erteilen, Heine?« Er schnaubte und warf den Blick zur Decke.

»Herr Prokurator«, sagte nun der Rabbiner Scheuer mit vorsichtiger Stimme. »Ich glaube, worauf Harry hinaus will, ist jener alte Ritus, der nach der Geburt eines jüdischen Jungen vollzogen wird und den Betreffenden sein Leben lang zeichnet.«

Sethe sah den Rabbiner verdutzt an. Dann wurde er blass, daraufhin rot und schließlich wieder bleich. Peira, die neben dem Rabbiner saß, bekam einen kleinen Hustenanfall, und

Samson knetete schmunzelnd seine Hände wie einen Hefeteig.

»Herr Jesus im Himmel ...«, sagte der Prokurator und blies sich Luft unter die Nase. »Grundgütiger ... Also gut. Ich habe verstanden. Was soll das jetzt?«

»Die Natur, Herr Prokurator«, griff Harry den verlorenen Faden auf, »hat ihren sehr eigenen Willen. Sie tut nicht immer, was wir von ihr erwarten.«

»Sie macht, was Gott will, Harry«, korrigierte Pfarrer Hauff.

»Natürlich.« Harry nickte. »Jedenfalls gibt es im Leben eines jeden jungen Mannes, auch eines christlich getauften, den Moment, in dem er ... Wie soll ich es sagen? Da gibt es einen Augenblick, wo er ... zum Mann wird, und zwar ganz für sich allein.« Er schwieg. Die Stille im Zimmer wurde ab und zu vom leisen Knarren der Bodendielen gestört. Dazwischen hörte man Samsons Atmen und einen fernen, schiefen Gesang von der Straße her.

»Bestimmt haben alle Durst. Ich hole uns etwas«, sagte Peira plötzlich und rückte vom Tisch ab. Alle stimmten zu und entspannten sich ein wenig.

Harry wollte fortfahren. Er war unsicher, ob man ihn richtig verstanden hatte. Dann entschloss er sich, erst einmal abzuwarten, bis Peira aus der Küche zurückkam. Das Wort *Selbstentjungferung* spukte ihm durch den Kopf. Zuerst erschien es ihm angemessen, dann kam es ihm plötzlich zu grell vor, weil es vielleicht den Damen missfallen könnte. Als die Mutter den Tee hereingetragen, die Tassen verteilt und jedem eingeschenkt hatte, ließ er eine Minute vergehen, in der es wieder still wurde, und sagte dann, indem er sich mehrmals hüstelnd unterbrach: »Was ich vorhin sagen wollte, war … dass es für jeden jungen Mann … den Augenblick der eigenen Defloration gibt. Und diese gelingt in den meisten Fällen … aber in manchen eben nicht.« Er holte Luft und merkte erst jetzt, dass sein Gesicht Hitze abgab wie ein frisch aus dem Ofen gezogenes Brot.

Die Tassen und Löffel klirrten leise. Jeder war damit beschäftigt, seinen Tee zu rühren, mit oder ohne Zucker. Ein paar Blicke streiften ihn. Es war, als gehörte er kaum hierher, als hätte er etwas so Fremdes gesagt, dass man ihn nicht mehr erkannte.

»Ich habe mich vielleicht schlecht ausgedrückt. Es gibt so wenig Worte …«

»Nein, mein Junge«, murmelte Samson und lächelte. »Ich finde, du hast es sehr gut gesagt. Was meinen Sie, Löb Aron?«

»Ja, durchaus …« Der Rabbiner setzte sich gerade und schob seine Unterlippe vor. »Aber fragen wir doch auch meinen christlichen Kollegen.« Er machte eine kleine, aber elegante Handbewegung in Richtung des Pfarrers.

Wieder klapperten die Tassen. Hauff hustete ausgiebig, legte behutsam die Hände übereinander und sagte unter hüpfendem Kopfnicken: »Ich glaube, wir haben alle verstanden, was uns Harry sagen will.«

»Das schon, Herr Pfarrer«, meckerte der Prokurator unbeeindruckt. »Es klingt doch aber verdammt so, als habe der junge Heine andeuten wollen, dass mein Sohn in diesem gewissen Augenblick jämmerlich gescheitert sei.«

»Bestimmt nicht, Herr Prokurator«, rief Harry. »Nein, überhaupt nicht. Sie missverstehen mich …«

In diesem Moment hob Peira die Hand, legte sie ruhig, aber

bestimmt auf Harrys Linke und sagte: »Pardon, Herr Prokurator. Ich denke, wir sollten nicht den Fehler machen und ein Verhör beginnen, das dem Anlass unserer Zusammenkunft nicht gerecht werden kann. Die Jungen sind angeklagt, sich blasphemisch verhalten zu haben. Das ist schlimm genug. Ich hoffe, dass die beiden diese Anklage entkräften werden. Wir sollten ihnen eine Chance dazu geben und diese Sache nicht mit anderen Dingen vermengen.«

»Danke, Mutter«, sagte Harry. »Aber alles, was ich bisher gesagt habe, ist nötig, um den Vorwurf gegen uns zu entkräften ... Christian und ich, wir ... wir waren ja ganz unerfahren, und da ist uns die Idee gekommen ... Was hätten wir sonst tun sollen? Wir sind zusammen zum Haus des Pferdehändlers Muth ... Das Ganze ist jetzt schon zwei Jahre her ...«

Peira hielt den Atem an und ließ Harrys Hand los. »Du hast doch nicht ... Ich meine, ihr seid doch nicht etwa ...«

»Die Welt ist davon nicht untergegangen, Mama ...« Kaum hatte er das letzte Wort gesagt, als ihn die Ohrfeige traf. Sie tat nicht sehr weh, mehr im Herzen als auf der Wange. Er schwieg. Aber er stand dazu. Es war vielleicht ein bisschen frech und altklug, was er gesagt hatte. Doch die Welt war ja nun wirklich nicht untergegangen.

»Josefa hat sich Christian genau angesehen«, erzählte Harry tapfer. »Sehr genau. Und als sie sah, was ihm zu schaffen machte, hat sie nur gelacht, nicht so, dass er sich hätte schämen müssen, sondern einfühlsam. Sie hat Christian zu ihrer Tante geschickt. Die Tante hat Christian etwas zu trinken gegeben und mit einer Klinge einen kleinen Schnitt getan, einen Verband darum gelegt und uns nach Hause geschickt. Nach einer Woche war der Schnitt verheilt – und Christian ein Mann wie jeder andere.« Er machte eine Pause.

Jetzt schwiegen die Tassen und Teelöffel. Alle sahen ihn an, atmeten mit klopfendem Herzen wie er selbst.

»Jedenfalls ist das der Grund, warum uns Sefchen so ans Herz gewachsen ist, Christian mehr noch als mir. Und darum haben wir vor zwei Nächten eine Totenfeier abgehalten, weil sie nicht ordentlich begraben worden ist.«

Die Worte taten ihre Wirkung. Die meisten Blicke senkten sich verlegen. Wieder wurden die Tassen bewegt. Harry genoss es, sich im Recht zu fühlen und verstanden worden zu sein.

»Aber warum, Herrgott im Himmel, eine nächtliche Totenfeier?«, fragte Herr Sethe. »Was sollte das? Ihr hattet doch mehr im Sinn ...«

»Nein«, sagte Harry entschieden. »Wirklich nicht.« Er war in Gedanken schon beim nächsten Akt des Stubendramas.

»Wir müssen noch etwas beichten«, sagte Christian, als hätte er gespürt, woran Harry dachte. »Wir haben für die Totenfeier einen Gegenstand aus Sefchens Besitz gebraucht und sind heimlich in ihr Zimmer gegangen. Wir haben einen kleinen Kamm mitgenommen. Er liegt jetzt in der gesegneten Erde im Kirchhof der Maxkirche.«

»Das ist Einbruch und Diebstahl«, sagte der Prokurator sofort. Dann entspannten sich seine Züge und er fügte hinzu: »Selbst wenn der Anlass ein durchaus akzeptabler war.«

»Ja, Vater«, antwortete Christian.

Eine Weile warteten alle, dass etwas folgte, eine formelle Verurteilung, wenigstens eine gewaschene Rüge. Aber Herr Sethe saß nur da und nickte in sich hinein.

»Also ich für meinen Teil bin zufrieden mit dieser Aufklärung des Falls«, sagte der Rabbiner Scheuer und erntete damit allgemeine Zustimmung.

Harry hatte ebenfalls Lust, es dabei zu belassen. Christian und er waren rehabilitiert. Wenn er jetzt schwieg, würde das Leben seinen normalen Gang weitergehen, alle wären zufrieden, hätten Verständnis gezeigt und würden beruhigt nach Hause gehen. Moritz Gumpertz würde zurechtgewiesen werden, aber wohl nach wie vor überzeugt sein, etwas Teuflisches beobachtet zu haben, und wenn Harry jetzt ehrlich war, musste er ihm Recht geben. Was Christian und er getan hatten, war durchaus nicht christlich gewesen, entschieden unchristlich sogar, denn ihr Gedenken an Sefchen, auch in der Stunde jener Totenfeier, war immer durchzogen von einer gewissen Unkeuschheit, von den inneren Bildern der Sünde, für die Sefchen nun einmal stand. Und würde er, Harry, diese Wahrheit jetzt erzählen, so wäre all die schöne Zufriedenheit im Nu dahin. Er nahm seine Tasse, ließ sich von Peira nachgießen und rührte jetzt selbst eine Weile sinnlos darin herum. Alle redeten leise miteinander, der Prokurator mit dem Pfarrer, Frau Sethe mit dem Rabbiner und Samson mit Christian. Es war ein gemütliches und argloses Gemurmel, das klang, als hätte es nie eine ernste Anklage gegeben oder als wäre man von jeher sicher gewesen, dass Moritz Gumpertz gelogen oder sich getäuscht haben musste.

Harry legte den Löffel hin, holte aus seiner Jackentasche ein Stoffbündel hervor und hielt es für alle sichtbar eine Weile in den Händen.

»Was ist das?«, fragte Peira. Das Gemurmel wurde leiser und versiegte.

Harry zwang sich zur Ruhe. Jedes Wort, das er jetzt sagen würde, war gut zu überlegen. Wenn er ehrlich war, hatte er von den möglichen Konsequenzen dessen, was er jetzt tat, keine Ahnung. Alles Mögliche konnte passieren. Christian und er hatten sich entschieden, die Sache auf keinen Fall zu verschweigen. Harry wickelte das Stoffknäuel auseinander. Mitten auf dem Tisch lag der abgebrochene Stockknauf mit dem blutverschmierten Adlerkopf. Ein paar Sekunden lang blieb es still. Nicht einmal von der Straße her gab es ein Geräusch, als ob man auch dort draußen begriffen hätte, was hier drinnen geschah.

»Das haben wir in Sefchens Kammer gefunden.« Harry drehte den Knauf mit einem Finger um seine Achse, sodass er für alle von allen Seiten zu sehen war.

»Er lag in Sefchens Kammer unter dem Bett«, sagte Christian.

Der Prokurator beugte sich vor und fragte: »Blut?«

»Ja«, antwortete Harry. »Wir haben ihn dem Barbier Kohn gezeigt, und der ist sicher, dass es Blut ist.«

»Ist das Silber?«, fragte Herr Sethe.

Pfarrer Hauff streckte die Hand aus und berührte eine saubere Stelle des Adlerkopfs. »Ich glaube, ja. Und ich weiß, was Sie denken, Herr Prokurator. Wenn es Silber ist, gehört der Stock einer Person, die möglicherweise Geld und Einfluss hat.«

»Das kann bedeuten«, ergänzte der Rabbiner Scheuer, »dass unter uns ein Mörder lebt, der sich nicht fangen und bestrafen lassen wird.«

Der Prokurator legte die Hände auf den Tisch. »Also, ich glaube nicht, dass sich der Betreffende allzu viel Sorgen machen muss. Ein Silberknauf wie dieser ist nicht so ungewöhnlich und selten, wie man meinen könnte.« Er blickte streng in die Runde. »Und außerdem kann es ja auch ein Zufall sein.«

Harry traute seinen Ohren nicht. *Zufall?*

»Möglich … gewiss …« Samson Heine klopfte mit seinem Teelöffel auf den Tisch. »Die Jungen haben jedenfalls Recht, wenn sie die Angelegenheit nun in kompetente Hände legen.«

Der Prokurator stand auf. Er ging um den Tisch herum, blieb hinter Harry stehen und beugte sich über ihn. Harry konnte den säuerlichen Atem riechen. »Ich werde den Knauf in amtliche Verwahrung nehmen. Natürlich werden wir die Sache untersuchen, und ich kann die jungen Herren auch dahingehend beruhigen, dass wir der verstorbenen Josefa Edel, sollte sich der Verdacht eines Verbrechens bestätigen, nachträglich ein ordentliches Begräbnis geben werden.«

Der ermordeten!, rief es in Harry.

Herr Sethe hatte das Tuch über dem blutigen Silberkopf zusammengeschlagen und hochgehoben. Er stand hinter Harry. Alle sahen ihn an. Alle spürten die Autorität dieses Mannes, seine Macht. Harry gab den Knauf nur sehr ungern her. Aber eigentlich war es nicht wichtig, ob man ihn hatte. Christian und er würden Sefchens Mörder auch ohne den abgebrochenen Stockknauf finden und zur Rede stellen, mochte er Geld haben und alle Macht der Welt. Denn die Gerechtigkeit ist für alle da, egal ob reich oder arm, schwach oder mächtig.

»Wir dachten nur …«, sagte Harry und zögerte. »Wir denken, dass die Gerechtigkeit für alle da ist. Deshalb …«

»Selbstverständlich«, sagte der Prokurator und ging an seinen Platz zurück. Aber er hatte sich verraten. Das »selbstverständlich« hatte ein Spur zu schwach geklungen, schwunglos und hingesagt, ohne Kraft und Stimme.

»Wer's glaubt …«, sagte Harry leise und merkte im selben Moment, dass Peira ihn gehört hatte.

»Was hast du gesagt, Harry?«, fragte sie.

»Nichts, Mama.«

Peira blickte ihn eine Sekunde lang forschend an. Dann griff sie nach der Kanne und fragte in die Runde, ob sie nicht noch frischen Tee machen solle.

Harry fühlte sich nicht als Sieger. Obwohl er diese Schlacht gewonnen hatte. Der Krieg ging weiter. Das Land, das Christian und er sich erobert hatten, wurde ihnen im Handumdrehen wieder streitig gemacht. Einen Tag lang ging Peira schweigsam durch die Zimmer, beobachtete den Sohn scheinbar unauffällig, flüsterte mit Samson und schimpfte mit Charlotte, Harrys Schwester, weil die frisch geputzten Fenster noch immer Schlieren hätten. Erst am sonntäglichen Mittagstisch ging man zum offenen Angriff über. »Dein Vater«, begann Peira unvermittelt, »möchte dir etwas sagen, Harry.« Sie warf Samson einen Blick zu. Der legte sofort seine Gabel hin und räusperte sich.

»Ja …«, sagte er. »Also, wir glauben, dass … Ich meine, es ist Zeit, dir zu sagen, dass wir zu dem Entschluss gekommen sind, dem Frankfurter Versuch im Bankhaus des Herrn Rindskopf, der ja nicht so befriedigend verlaufen ist …«

Harry musste sich zusammennehmen, um ernst zu bleiben. Wieder einmal zeigte sich der Vater ungeeignet, das zu sagen, was die Mutter wollte. Es war traurig, dass sich Samson diese Behandlung gefallen ließ, und es war abscheulich, dass Peira nicht davon abließ, ihn immer wieder auf diese Weise zu peinigen und lächerlich zu machen. Harry hatte längst begriffen, dass es in solchen Situationen nicht allein um ihn, den Sohn, ging oder um was auch immer, sondern auch um die Erziehung des Ehegatten nach demjenigen Bild, das sich Peira vor wer weiß wie vielen Jahren von ihrem Mann gemacht hatte und das aufzugeben ihr auch nach dieser Ewigkeit offenbar nicht gelingen wollte.

»Lass nur, Samson«, unterbrach sie ihn und bestätigte Harrys Eindruck vollends. »Ich muss es wieder selbst tun. Es hat keinen Zweck …«

Harry legte sein Besteck zur Seite und mimte den Aufmerksamen, Gutwilligen.

»Dein Vater und ich haben heute einen Brief nach Hamburg senden lassen. Wir sind der Auffassung, dass du dein kaufmännisches Wissen dort besser vervollständigen kannst als hier …« Harry hörte artig zu, aber er glaubte kein Wort. Vermutlich wollte man ihn so schnell wie möglich aus Düsseldorf weg haben, das war alles. Der Gehstockknauf war noch gefährlicher als angenommen …

»Onkel Salomon hat sich freundlicherweise bereit erklärt, dich in Hamburg aufzunehmen und mit allen Kenntnissen des Geschäfts vertraut zu machen. Ich finde das sehr nobel von ihm und denke, wir müssen ihm dankbar sein. Der Onkel wird in Kürze selbst geschäftlich in den Westen kommen und uns einen Besuch abstatten.«

Ich werde Hamburg hassen, ich hasse es jetzt schon, dachte Harry.

»Ich halte deine Abreise nach Hamburg für dringend notwendig, weil sich das Handelsgeschäft deines Vaters hier in

Düsseldorf in letzter Zeit alles andere als Gewinn bringend entwickelt und nicht abzusehen ist, dass es besser werden wird. Außerdem bin ich der Überzeugung, dass du wieder ein Ziel im Leben brauchst, Harry, ich meine ein Ziel, das lohnend ist und praktisch, mit dem man als junger Mensch sicher in die Zukunft gehen kann …«

Das war gegen seinen Plan gerichtet, Dichter zu werden. Diesen Krieg würde er nie gewinnen, nicht einmal gegen den milden, verträumten Samson, der in der Tiefe seines Herzens selbst ein Dichter war, auch wenn ihm das nicht bewusst wurde. Er war so lebensfremd, wie man nur sein konnte, ein Gemüt, das nur den kostbaren Augenblick sah, kein Gestern und kein Morgen. Was sonst war Dichtung als das innige Erleben des Augenblicks ohne die Last der ganzen Realität? Samson gehörte ebenso wie er selbst dem Typus des schöpferischen Menschen an. Dass er schöpferisch war, auch wenn er dabei keine materiellen Güter zuwege brachte, war genau der Punkt, den Peira nicht verstand. Leider auch Samson selbst nicht, der sich für einen Geschäftsmann hielt, was er beileibe nicht war – dies und nichts anderes war auch der Grund, weshalb sein Handel mit dem Manchester Velveteen nicht florierte.

»Du lernst hier nichts«, fuhr die Mutter fort, »und kannst Erlerntes nicht erproben. Da muss es niemand wundern, wenn es zu absonderlichen Vorkommnissen kommt wie in den vergangenen Tagen. Zum Glück ist das alles gut verlaufen, und ich will niemand tadeln. Dennoch: Leben braucht vernünftige Wege und Bahnen, die ein junger Mensch beschreiten kann. Richte dich also bitte darauf ein, dass du nach Hamburg gehst. Es wird nicht jetzt sein, vielleicht im Sommer oder noch später. Und glaube mir, dass sich auch dein

Vater freuen würde, wenn du dich ernsthaft bemühtest, seinem Geschäft eine neue Stütze zu werden …« Sie blickte Harry an, wie sie es immer tat, wenn sie sein Gewissen erreichen wollte. Er sträubte sich nicht. Dass die Reise erst im Sommer anzutreten war, versöhnte ihn. Zumal er ohnehin zerrissen war, was das Leben in Düsseldorf betraf. Natürlich würde es wehtun, Freunde aus dem Blick zu verlieren. Aber gerade in jüngster Zeit war ihm oft der Gedanke gekommen, dass es zu Christians glücklich überwundenem körperlichen Dilemma eine geistige Entsprechung gab, die auch ihn, Harry, betraf. Düsseldorf war klein und eng, und ihm kam es vor, als ob sich um die Stadt und ihren Geist ebenfalls eine allzu enge Haut spannte, die sich weder dehnen noch um der Freiheit willen herunter- und fortziehen ließ.

Harry nahm wieder seine Gabel zur Hand, stach sie in den Rest seines Essens und sagte: »Ich werde Hamburg lieben lernen.«

Ihm war klar, das niemand am Tisch diesen Satz sonderlich ernst nahm. Er liebte solche flirrenden, schwebenden, unentschiedenen Äußerungen. Samson neigte dazu, sie zu belächeln. Für Peira war jede Ironie eine Sünde.

»Ich meine es ernst«, fügte er hinzu und sah die Mutter an, deren Gesichtsfarbe, vor allem auf den Wangen, bedrohlich dunkler geworden war.

»Gut«, sagte sie, und ihr Mund wurde wieder weich. Sie aß einen Moment schweigend. Dann lächelte sie und meinte: »Im Übrigen finde ich, dass Christian und du … dass ihr euch vortrefflich verhalten habt, was diesen furchtbaren Stockknauf betrifft.«

Harrys Herz machte einen Sprung. »Danke sehr, Mama.«

Samson blickte misstrauisch umher. Er glaubte ihr nicht. Aber es war ebenso möglich, dass er bloß neidisch war auf die Gunst des Sohnes, die sich Peira soeben verdient hatte.

»Ich liebe euch beide«, sagte Harry und drückte Peiras schmale, weiße Hand.

Siebentes Kapitel

Die »Arche Noä«, das Haus des Onkels, Simon van Geldern, auf der Mertensgasse, war eine Schatzkammer geistigen Reichtums. Hätte man jedes Ding, das es dort gab, an den Ort seiner geographischen Herkunft gelegt und den Erdenball darunter fortgenommen, wäre die Kugelgestalt des Planeten immer noch zu erkennen gewesen. Zahllose Bücher türmten sich und Bildermappen, in denen kein Ereignis der Welt- und Menschengeschichte fehlte. Es gab alte Ansichten der Pyramiden, einen illustrierten Bericht über den Bau der Blackfriars-Brücke über die Themse und eine atemraubende Darstellung der Aufrichtung eines Obelisken, der mit mehr als viertausend Flaschenzügen und weit mehr Seilen und Rollen von einem ganzen Wald stämmiger Kranbäume Zoll für Zoll vom Liegen zum Stehen gebracht wurde. In anderen Büchern wurde die Technik des Schiffbaus erläutert, vom Kiellegen über das Formen der Spanten bis zum Stapellauf. Auf einem dieser Stiche erlebte man die verheerenden Folgen eines Unfalls mit, bei dem sich ein tausend Fuß langer Rumpfkoloss verfrüht von seinen Haltetauen befreit hatte und Material und Menschen zermalmend den Stapel hinab ins Wasser rutschte.

Wieder andere Bilder zeigten eine blutige Elefantenjagd. Die Tiere stürzten in gewaltige Gruben und wurden mit Lanzen getötet. Dann sah man den Walfang vor den Küsten Grönlands, die gewaltigen Töpfe, in denen Tran gewonnen wurde, und in einer anderen Szene den gerechten Sieg eines der scheunengroßen Meeressäuger, wie er mit seinem Schwanz das Boot mitsamt seiner Jäger durch einen einzigen furchtbaren Schlag in hundert Stücke schlug. Und schließlich die Indianer, die Harry als Kind am meisten beeindruckten mit ihrem wilden Federschmuck und ihren feurigen Pferden, auf denen sie ohne Sattel und Zaumzeug furchtlos und frei durch die Weiten Amerikas stoben. Ihre Wildheit war ein wichtiger Beleg dafür, dass die hiesige biedere Lebensart keineswegs so immer und überall gültig war, wie es die Schule lehrte, sondern dass die Menschenwelt in Wahrheit flirrte vor Verschiedenheit und Vielfalt wie die bunten Buden auf der Kirmes.

Das Schönste an den vielen Mappen und Büchern aber war, dass der Onkel zu allem etwas erzählen konnte, so eindringlich und lebendig, dass Harry lange geglaubt hatte, Onkel Simon habe all diese Dinge mit eigenen Augen gesehen. Was nicht zutraf. Denn als der Tod seiner Eltern ihm die völlig freie Wahl einer Lebenslaufbahn ließ, wählte er gar keine – und blieb, wo er war, so jedenfalls wurde es im Familienkreis mit einer Mischung aus verlegen unterdrücktem Neid und bissigem Argwohn formuliert. Harry hatte diese *Wahl des Nichts* von jeher bewundert. In seinen Augen hatte sie aus Onkel Simons Leben einen Ozean der Freiheit gemacht, auf dem der Mensch segeln konnte, wohin und wie es ihm gefiel. Und da der Onkel keine eigene Familie zu versorgen hatte, war das Haus, über dessen Tür das heilige Rettungsschiff des Noah in Stein gemeißelt war, in Harrys Augen nichts weniger als eine Oase der Freiheit und des ungestörten geistigen Schaffens.

Neben dem lebenden Simon van Geldern gab es noch einen

toten. Er war ein Onkel des Onkels, und er existierte immer noch, nämlich in Harrys Phantasie. Irgendwann war Harry auf dem Dachboden des lebenden Simon ein Notizbuch des toten in die Hände gefallen und zur Quelle der aufregendsten Welteroberungen per Tagtraum und Einbildung geworden, die man sich vorstellen kann.

Der »Morgenländer«, wie die Familie diesen geheimnisvollen Großonkel nannte, weil er auch nach der Rückkehr von seinen langen Reisen durch den Orient die Tracht eines dieser östlichen Völker nicht hatte ablegen wollen, – dieser Morgenländer hatte Abenteuer erlebt, die für Harry noch faszinierender waren als die Mappen und Bücher seines ortsgebundenen Neffen. Während der lebende Simon sowie Tanten und Muhmen Geschichten erzählten, in denen der Morgenländer zum Räuberhauptmann eines freien Beduinenklans wurde, entdeckte Harry in dem Notizbuch die Beschreibung einer Reise durch die Wüste Nefud, die der Autor nur deshalb habe überleben können, weil er sich vom Fleisch und Blut der dort lebenden Schlangen ernährte. Ein anderer Bericht beschrieb in gestelzten Sätzen, wie dieser seltsame Vorfahr um Haaresbreite verdurstet wäre, hätte er nicht die Höcker eines Dromedars zerstochen und den Wasservorrat daraus abgezogen. Und bei einer Verfolgungsjagd im Urwald von Baludschistan, las Harry, habe sich der Großonkel, um seinen Hechern zu entgehen, in Bananenblätter eingewickelt und sei auf diese Weise zwei Stunden reglos in einem Gebüsch stehen geblieben, wobei die Verfolger, mit Schlagmessern und sehr üblen Absichten bewaffnet, insgesamt sechsmal hautnah an ihm vorüber gekommen seien, ohne ihn zu finden. In Kurdistan sei er infolge einer Verwechslung in ein Verlies geworfen worden, das hoch genug, aber nur vier Ellen lang und zwei Ellen breit gewesen sei. Darin habe er zehn Tage lang aufrecht gestanden, bis das Versehen entdeckt und er befreit worden sei ...

An dieser Stelle des Notizbuchs waren Harry zum ersten Mal Zweifel gekommen, ob die Geschichten des Morgenländers nicht allesamt erdichtet waren. Es war doch schwer, sich vorzustellen, wie ein braver Mann aus Deutschland im tiefen Kurdistan zum Objekt einer ernsthaften Verwechslungstragödie mit solchen Folgen wurde. Harry trug das Buch des toten Simon zum lebenden Simon und fragte ihn um Rat. Der nahm das vergilbte und verstaubte Heft in die Hand, blätterte darin und sagte ernst: »Jedenfalls war er ganz ein Mensch ...«

Mit den Jahren war die Frage nach der Wahrheit für Harry immer mehr verblasst. Der Morgenländer erlebte und erzählte, und Harry durchlebte mit ihm die Gefahren des Meeres, der Wüsten und der Wälder, und oft war kaum mehr zu trennen, wer in wessen Leben träumte oder wer in wessen Träumen lebte ...

Harry hatte sich mit Christian für zehn Uhr in der Arche Noä verabredet. Jetzt war es halb elf. Er saß oben bei seinem Onkel in dessen Lehnstuhl und sah zu, wie Simon mit einer Schere artikelweise eine Zeitung zerschnitt.

»Was sagst du dazu, Harry?«, sagte er plötzlich und las laut: »Piet van Dohmen, Bürgermeister von Xanten, mietet zweihundert Esel, mit denen er ein Stück alter Stadtmauer schleifen will. Er habe berechnen lassen, dass die Esel nur ein Viertel der Zeit brauchen wie gewöhnliche Arbeiter.« Der Onkel blickte hoch. »Der Mann ist verrückt ...«

»Nicht, wenn er die Esel alle mit dem Kopf gegen die Mauer rennen lässt«, rief Harry amüsiert.

»Er hat eine dreihundert Ellen lange Kette in Auftrag gegeben, die er Steinschicht für Steinschicht auf die Mauer legen und wegziehen lassen will.« Simon schüttelte verständnislos den Kopf. Dann nahm er wieder die Schere und machte sich ans Ausschneiden. »Mag ja sein, dass es mit den Eseln schneller geht«, erklärte er. »Aber was tun die Arbeiter in derselben Zeit? Sollen die daneben stehen und zusehen? ... Was sitzt du eigentlich noch hier?«

»Christian und ich wollen dich um einen Gefallen bitten, Onkel. Er kommt jeden Moment.«

»Das klingt gefährlich.«

»Er bringt ein Päckchen mit, hoffe ich. Darin befindet sich ein wichtiges Indiz für ein Verbrechen. Wir möchten dich bitten, es hier bei dir zu verstecken. Hier wird es niemand vermuten.«

»In was zieht ihr mich da hinein, Jungs?« Simon hatte Falten auf seiner sonst glatten Stirn.

»In gar nichts, Onkel. Ich verspreche es.«

»Und dieses Nichts ist bloß mal eben ein Verbrechen. Du bist mir vielleicht ein Philosoph, Harry.«

Sie lachten.

Simon zuckte mit den Schultern. »Ja, so ist das mit der Neffenliebe. Die zweihundert Esel des Herrn van Dohmen sind ein Skandal ... Aber Harry Heines zweihundert Esel, die vielleicht sogar vierhundert sind, wer weiß? ... die werde ich hüten und vor aller Welt verstecken wie den Plan zum goldenen Grab der Pharaonen.«

»Danke, Onkel Simon«, sagte Harry und stand aus dem

Sessel auf. Er ging zum Fenster und sah auf die Straße hinunter. Ein Händler hatte seinen Karren genau vor das Haus gestellt und stritt sich mit zwei Bauern, während er gleichzeitig einigen Hausfrauen Eier und Fleisch in ihre Körbe legte und das Geld entgegennahm. Die Marktbauern schrien und schimpften auf ihn ein, weil er die Ware zu deutlich niedrigeren Preisen anbiete als sie selbst. Ab und zu mischten sich die Frauen ein und beschimpften ihrerseits die Bauern. Der Händler dazwischen blieb gelassen, kümmerte sich um die Kundschaft und die Wägung seiner Güter. Schließlich siegten die Frauen, und die Bauern machten sich unter lautstarken Drohungen davon.

In diesem Moment kam Christian die Gasse hinauf. Er war in Eile, drängelte sich durch die anwachsende Traube der Hausfrauen bei dem Händler und betrat, die Klingel ziehend, die Arche Noä.

»Das ist er«, sagte Harry. Auf der Treppe wurden Schritte hörbar. Dann trat der Freund ins Zimmer.

»Ich hab ihn«, sagte er, ziemlich außer Atem, und legte das Stoffbündel auf eine Ecke des großen Arbeitstischs, auf dem der Onkel seine Zeitungsartikel ausgebreitet hatte.

»Die vierhundert Esel der Messieurs Sethe und Heine«, rief er.

»Zweihundert«, verbesserte Harry. »Ich verspreche dir, dass nichts Schlimmes daraus wird.«

»Daran will ich mich erinnern, wenn sie mich bei der Hausdurchsuchung foltern, lieber Neffe. Aber sagt mir bitte, wo euer Schatz liegt. Ich bin ein sehr schlechter Held.«

Harry wickelte den silbernen Adlerkopf aus dem Tuch. »Damit wurde Josefa Edel erschlagen, Onkel. Ihr Blut klebt noch daran. Sie war unsere Freundin. Du kannst jetzt denken, was du willst …«

»Ich denke noch gar nichts.«

»Alle sagen, Sefchen hätte sich umgebracht«, erklärte Christian. »Zuerst mochte es so ausgesehen haben. Aber dann haben wir diesen Stockknauf in ihrem Zimmer gefunden.«

»Christians Vater ist Prokurator«, sagte Harry. »Ihm haben wir das Indiz ausgehändigt. Aber er hat nichts unternommen, stattdessen hat er es versteckt.«

»Wo?«

»In unserer Speisekammer«, antwortete Christian.

»Und nun glaubt ihr, der Prokurator habe etwas mit dem Fall zu tun.«

»Was sonst?«, fragte Harry.

»Nun, er könnte keine Zeit gehabt haben.«

»Und was hat der Silberknauf in der Speisekammer zu suchen?« Man sah Christian an, wie sehr ihm diese Fragen zu schaffen machten. »Ich schäme mich für meinen Vater … Jetzt hat er mir auch noch eine Strafe aufgebrummt, weil wir nachts auf dem Kirchhof waren. Ich muss den Sommer über in der Senfhäuser Tischlerei arbeiten. Ich hasse Holz und er weiß es genau.«

»Er ist verbittert, weil wir Recht bekommen haben«, erklärte Harry, während Simon den Adlerkopf zur Hand nahm und genau betrachtete.

»Den sieht man aber nicht alle Tage.«

»Mein Vater, der Herr Staatsanwalt, behauptet das Gegenteil«, sagte Christian.

»Siehst du den Prägestempel?« Der Onkel drehte den Knauf ins Licht. Am Kragen des filigran gefiederten Silberkopfes befand sich ein winziges eingeschlagenes Zeichen, eine Spirale als Sonne mit einem Ring haardünner fortstrebender Strahlen. »Die Werkstatt des Albertus Comes ...« Er legte den Knauf auf den Tisch, erhob sich und verschwand in einem Nebenzimmer. Als er zurückkam, hielt er eine Brosche in der Hand. »Sie gehörte dem Schleusengraf van Geldern.« Er zeigte Christian den Stempel.

»Wir fragen einfach in der Werkstatt nach«, sagte Harry.

Der Onkel nickte. »Natürlich. Wenn ihr wisst, wie ihr nach Salerno in Süditalien kommt.«

»Ach so«, knurrte Christian.

»Jedenfalls haben wir den Vogelkopf wieder«, stellte Harry fest. »Und irgendwo in dieser Stadt läuft derjenige herum, dem er gehört ...«

Onkel Simon zog die Brauen hoch und legte die Stirn noch einmal in Falten. Christian setzte sich in den Lehnstuhl des Onkels und knetete ausdauernd die Hände.

»Ich frage mich«, sagte Harry, »was der Morgenländer in unserer Lage unternommen hätte. Jedenfalls nicht bloß dumm dasitzen und die Hände in den Schoß legen.«

»Danke«, murmelte Christian. »Aber da wir allesamt Abendländer sind, werden wir wohl für immer dumm hier sitzen bleiben.«

Noch draußen auf der Straße grübelte Harry darüber nach, ob sich der Morgenländer damit abgefunden hätte, dass der Schuldige nicht zu finden war? Oder würde er ein Netz um die Welt gespannt haben, in welchem sich die kranke Mörderseele verfangen musste? Hätte er Lichtgestalten an den Himmel projiziert, die den Täter reizten und verrieten? Vielleicht hätte der Morgenländer eine Lampe gehabt, mit dem er jedem durch die Brust leuchten und sehen konnte, was da wäre. Bestimmt hätte er eine Krankheit ausgesandt, die niemandem schadete, aber den Schuldigen mit Fieber schlüge …

»Schön und gut. Aber das hilft uns alles nicht«, erklärte Christian, als Harry ihm die möglichen Maßnahmen des Morgenländers aufgezählt hatte.

Harry war überrascht. Er konnte nicht glauben, dass Christian über Nacht zum *Realisten* geworden sein sollte. Ihre Freundschaft basierte zu einem guten Teil auf dem freien Spiel mit der Phantasie. Sie lachten über naive Geister wie August Mehl, der schon auf dem Lyzeum dem Wahn verfallen war, jedem Geheimnis der Welt und des Lebens mit Hilfe der Mathematik beikommen zu können. Alles sei logisch, lautete sein Credo. Immerhin war es Christian gewesen, der den klugen August eines Tages fragte, auf welcher Logik denn wohl das Mysterium der Schönheit und der Liebe beruhe.

»Was, glaubst du, hätte dein Vater eigentlich unternehmen sollen?«, fragte Harry.

Christian ließ sich Zeit. Schon als sie den Onkel und die Arche Noä verlassen hatten, war er ziemlich schweigsam gewesen. Sie waren ans Rheinufer gegangen, wo wie immer Lärm und Betrieb herrschten. Kähne wurden be- und entladen. Fähren kamen an oder legten ab. Handwerker führten Reparaturen an Masten und Takelagen durch und schrien Kommandos. Händler stritten sich, und zwischen all dem rannten Hunde und Kinder umher und suchten nach brauchbaren Abfällen.

»Mein Vater hätte veranlassen können, dass man den Besitzer des Gehstocks ausfindig macht. Aber er hat es nicht getan, weil ihm Josefa vollkommen egal ist.«

»Und weil ihm egal ist, was du empfindest«, ergänzte Harry. Christian nickte. »Seit ein paar Wochen läuft er nur noch durchs Haus und befiehlt, was wir tun müssen. Auch meiner Mutter. Sie weint oft. Wir sind keine Familie mehr. Wir sind eine englische Manufaktur, in der Kleider gewaschen und genäht werden, Essen gekocht und Feuer gemacht, der Garten umgegraben und die Ziege gefüttert wird. Er ist der Herr, der Besitzer und schreitet drohend durch die Zimmer. Wir können nur noch frei miteinander sprechen, wenn er außer Sicht ist.«

Harry winkte einen Jungen heran, der Nüsse verkaufte, und ließ sich eine Tüte füllen.

»Manchmal will ich gar nicht mehr nach Hause«, fuhr Christian fort. »Und jetzt noch das ...« Er griff in die Tüte und aß.

»Was wäre denn das Schlimmste?«, fragte Harry. »Ich meine, was die Sache mit Sefchen betrifft.«

»Dass er den Mann kennt, der es getan hat, und ich muss stillhalten und kann nichts machen ... Oder dass er selbst bei Josefa war ... Dann wäre er gestorben für mich, das meine ich todernst.«

Christian hatte nie viel über seine Eltern gesprochen. Es hatte Andeutungen gegeben, ein paar verhaltene Klagen, dass die Mutter sehr kühl sei. Als Kind hatte sich Christian, daran erinnerte sich Harry deutlich, ein paar Mal auffällig gesträubt, sich von Peira in den Arm nehmen und drücken zu lassen. Das waren sehr wenige, aber doch bezeichnende Situationen gewesen, die Harry verwundert hatten. Anlässe für ein Gespräch wie das jetzige hatte es nie gegeben.

Harry fühlte sich hilflos. Ihm fiel nichts Vernünftiges ein, was er hätte sagen können, um auf Christian einzugehen. Christian machte immer wieder lange Pausen. Das Treiben um sie her erreichte ihn überhaupt nicht. Die Vorwürfe gegen seinen Vater wiederholten sich, dann das Mitleid mit der Mutter und die Klage über die eigene, nicht zu überwindende Tatenlosigkeit.

Mitten in diesen zähen, beklemmenden Monolog sprang Moritz Gumpertz, der plötzlich aus einer Seitengasse auf den Uferweg trat. Die Blicke trafen sich, und sofort ergriff Moritz die Flucht. Christian schoss hoch und nahm die Verfolgung auf. Harry versuchte, Moritz den Weg abzuschneiden. Er nahm eine schmale Passage zwischen einem Stapel geschnittenem Holz und einem Schuppen und traf auf die Straße, die Moritz, wenn das Glück mitspielte, als Fluchtweg gewählt hatte. Harry schmiss ein paar Bretter zur Seite und sprang über ein Fass, das im Weg stand. Dann sah er Moritz genau auf sich zukommen, dahinter Christian, langsamer werdend. Sie hatten ihn gestellt, er war gefangen.

Harry breitete die Arme aus und grinste, als wollte er den Jungen auffangen wie ein kleines Kind. Aber Moritz stoppte, rannte quer zur Straße auf eine Haustür zu und lehnte sich mit dem Rücken dagegen. Angst stand in seinen Augen, die zwischen den beiden Größeren hin und her hetzten. Christian blieb stehen. Harry ging auf Moritz zu und legte sich schon seine ersten Fragen zurecht. Warum Moritz ihnen nachgeschlichen sei und wie er auf die idiotische Idee kam, Zeuge einer Teufelsmesse zu werden; woher er wisse, was das sei, und ob er nicht Angst gehabt habe, selbst in den Verdacht blasphemischer Erfahrungen zu geraten, wenn er mit dieser Kenntnis gleich zum Pfarrer renne … Harry wollte Moritz fassen, da kippte der Junge plötzlich von ihm weg und verschwand. Die Haustür klappte zurück, und im nächsten Augenblick quietschte drinnen der Riegel.

»Das bereust du noch, Gumpertz!«, rief Christian. »Wärst besser hier geblieben und hättest geredet. Jetzt kommt es teuer, verlass dich drauf.« Im Haus entfernten sich Schritte. Harry schlug gegen das Türblatt. Über ihnen wurde ein Fenster geöffnet und eine Frau schüttete Salven schriller Flüche und Verwünschungen über sie aus.

»Schnell!« Christian zog Harry mit sich. Er lief die Häuserzeile entlang, bis zu einem Garten, und setzte flink über den Zaun. Harry folgte. Der Garten führte zu einer Mauer. Christian legte einen Finger an den Mund. Vorsichtig zog er sich an der Mauerkante hoch und spähte. »Er kommt«, flüsterte er. Sie duckten sich eng an den Fuß der Mauer und horchten. Von drüben klang Rascheln herüber, Zweige brachen. Harry blickte hoch. Er sah den rauen Rand der Mauer über sich und darüber das Milchgrau des Himmels. Dann sah er eine Hand über die Kante greifen und zweimal nachfassen. Eine zweite Hand erschien. Christian nickte, und zugleich erschien Moritz' Kopf keuchend auf der Mauer. Christian sprang hoch und fasste den wirren Haarschopf. »Komm, Kleiner! Sonst rennst du wieder zum Pfaffen und erzählst, du hättest uns Arm in Arm mit dem Teufel tanzen sehen …« Moritz' Gesicht verzerrte sich. Ihm blieb keine Wahl, als weiter hochzuklettern. Schließlich lag er bäuchlings auf der Mauer und wimmerte.

»Warum bist du weggerannt?«, fragte Christian und zog an dem Haarschopf.

Moritz antwortete nicht. Er fasste an Christians Hand, um den Zug an seinem Haar zu entlasten.

»Lasst mich runter!«

»Nicht eher, bis ich eine vernünftige Antwort habe.«

»Ich weiß nichts ... Ich hatte Angst.«

»Vor wem? Etwa vor uns? Wieso?« Christian schüttelte den Kopf des Jungen hin und her.

»Das Kreuz an dem Baum stand auf dem Kopf ...«

»Was hattest du wohl nach dem Löschen der Laternen auf dem Friedhof zu tun? Hast selber den Teufel gesucht.«

»Nein! Ich will runter.«

»Erst antwortest du, Gumpertz«, rief Christian wütend. Er hielt das lange krause Haar fest in der Hand. »Das war doch nicht allein deine Idee.«

»Doch!«

»Ich will einen Namen hören.«

»Er hat mir gedroht.«

»Wer?«

»Niemand.«

»Niemand droht dir, aber du hast Schiss ...« Christian schüttelte ihn wieder. »Weißt du, was ich wegen dir den ganzen Sommer tun muss? In einer beschissenen Schreinerwerkstatt schuften.«

»Ich weiß keinen Namen«, jammerte Moritz.

»Halt uns nicht für blöd, Kerlchen!« Christian verlor spürbar die Geduld. Wenn er wütend wurde, bekam seine Stimme einen gefährlich singenden Klang. Harry hatte sich manches Mal richtig erschreckt.

»Lass ihn, Christian!«, bat er und wünschte sich, der Freund würde aufhören, Moritz am Schopf zu ziehen. Der Junge heulte jetzt. Die Tränen liefen ihm über das schmutzige Gesicht und hinterließen helle krumme Bahnen.

»Lass ihn! Du tust ihm weh!«, rief Harry, plötzlich selbst wütend. Christian blitzte ihn an. Dann ließ er Moritz los und drehte sich weg.

»Komm da runter!«, befahl Harry.

Der Junge beruhigte sich ein wenig. Er ließ ein Bein die Mauer herunter, dann das andere und sprang auf die Erde. Christian blieb mit dem Rücken zu ihnen an die Mauer gelehnt stehen, als ginge ihn das Ganze nichts mehr an. Moritz wischte sich das Gesicht und verschmierte den Dreck überall hin.

Harry war klar, dass Moritz etwas verschwieg. Sie mussten einen Weg finden, ihn zum Sprechen zu bringen, ohne dass er log. Mit Gewalt und Drohungen würde es nicht gelingen.

»So schlau wie du sind wir auch«, sagte Harry ruhig. »Wir sind dir gestern nachgegangen.«

Der Junge sah Harry an. In seinem Blick schimmerte Verunsicherung. Harry fasste sofort nach.

»Dann haben wir deinen Freund Hecht getroffen. Mehr brauche ich wohl nicht zu sagen.«

Die Angst sprang Moritz ins Gesicht. »Denkt ihr vielleicht, ich tu das freiwillig?«

»Wenn man so in der Zwickmühle steckt wie du«, sagte Harry, »dann ist es klug, man vertraut sich Leuten an, die gar nichts von einem selbst wollen, sondern von demjenigen, der einen zwingt.«

Im Gesicht des Jungen regte sich nichts. Harry hatte plötzlich einen furchtbaren Verdacht … *Pater Wunderscheit!*

»Ich sag dir was, Moritz«, bohrte er weiter. »Du musst uns gar nichts verraten. Nichts. Die Geschichte kannst du ganz für dich behalten …« Irgendeine Geschichte im Hintergrund gab es immer. Die Einzelheiten waren gar nicht so wichtig, solange man wusste, wer mitspielte.

»Ist es Pater Wunderscheit?«

Moritz wurde rot und sah zu Boden. Das genügte.

»Du kannst gehen«, sagte Harry und streifte Christian mit einem Blick. »Wenn du willst, dass wir dir helfen …«

Der Junge zog sich seine Hose zurecht, schniefte laut und floh durch den Garten zur Straße.

Achtes Kapitel

Salomon Heine war ein Mann wie der Staat. Als er mit siebzehn nach Hamburg gekommen sei, habe er nicht mehr besessen, als was er frierend am Leibe trug plus sechzehn Groschen. Jetzt war er einer der reichsten Männer Deutschlands und in seinem Bankhaus der oberste Souverän. Jeder Senator der Hafenstadt zog vor ihm den Hut.

Sein Regiment war streng. Er sprach Recht, übte Gewalt aus und dosierte die Angst, die alle vor ihm hatten und die genauso in seinen Diensten stand wie eine kleine Armee geheimer Agenten. Er wusste alles, vergaß nichts und war der Herr des Glücks oder Unglücks seiner Untergebenen. In einem Traum, den Harry einmal hatte, trafen Salomon und der Morgenländer aufeinander. Zwei Titanen. Man wusste nicht, wer die größere Macht besaß. Salomon stellte eine gewaltige Banknote aus und kaufte den Kaiser Napoleon. Aber der Morgenländer verzauberte sie beide in Flagellantenbrüder, die düster singend und mit Ruten aufeinander einschlagend zum Klang einer großen Blaskapelle durch die Düsseldorfer Straßen liefen …

Im wahren Leben gab sich Salomon Heine weniger schuldbewusst. Er war zwar ein treu sorgender Vater und weitgehend ehrlicher Gatte, aber eines (glaubte Harry zu wissen) fehlte ihm gänzlich: die Fähigkeit, sich in andere Menschen zu versetzen. Dies aber, so lehrten Schrift und Kaballa, sei der *eigentlich menschliche Nukleus* der menschlichen Seele.

Und dieser Geldsack, der allen vorlebte, wie es ging, den

alle bewunderten und als Ziel jeder Lebensführung an den Himmel malten, dies Idol der Familie stand nun kurz vor seinem Besuch in der Bolkerstraße; der Kaiser Napoleon hätte nicht weniger Aufregung verursachen können! Onkel Salomon machte Station in Solingen und Köln, und von dort kam er nach Düsseldorf und brachte seine Töchter Amalie und Friederike mit, für die in der Konditorei der Frau Uebel bereits zwei Dutzend italienische Plätzchen und ein sehr teurer, luftiger, hauchzarter Baumkuchen in Auftrag gegeben worden waren.

Harry wusste nicht, welche Meinung er sich über seinen Onkel bilden sollte. Wenn er das Gesicht verzog und auf zu viel Geld und zu wenig Menschenwärme hinwies, galt er als altklug und überheblich. Hob er Salomons Talent für geschäftliche Dinge, sein offenkundiges Wissen und Geschick hervor, so wurde ihm unterstellt, er halte seinen wackeren Vater wohl für einen Esel, wovon Harry so weit entfernt war wie der Prinz Friedrich von Preußen vom Dreckmichel und seinem schreienden Esel. Den Geschwistern Charlotte, Gustav und Maximilian erging es nicht anders, sodass Harry zu dem Schluss gekommen war, dass die Eltern selbst ein ambivalentes Verhältnis zu ihrem vor Geld stinkenden Schwager und Bruder unterhielten. Da vermischten sich Bewunderung und Scham, Verklärung und Vorurteil, und das alles zusammen mit der Angst, dass dies peinlich wankende Urteil über Salomon den Großen an dessen titanisches Ohr gelangen könnte.

Es war erstaunlich. Der Bankier würde auf eine Stunde vorbeikommen, und schon Wochen zuvor wurde die einfache, aber ehrliche Wohnung des Bruders einem gewaltigen Reinigungs-, Umräumungs- und Ausschmückungsprozess unterworfen, der größere Summen zu verschlingen drohte, als der Hamburger Gönner bereit war, für ihn, den Düsseldorfer Neffen, und seine bevorstehende Lehrreise in den Norden zur Verfügung zu stellen. Seit Harry denken konnte, hatte es im Flur der Wohnung, gleich über der Eingangstür, ein paar Flecken an der Decke gegeben, die niemand beachtete. Jetzt stand ein Eimer Kreide bereit, Tücher lagen da, um alles abzudecken, und in der Küche, in einer besonderen Vase als Versteck, warteten zweiundzwanzig Stüber Arbeitslohn für den Malergesellen. Ein schöner, aber etwas angeknackster Krug, der auf der Anrichte im Wohnzimmer stand, wurde durch einen beim Nachbarn geliehenen und hässlicheren ersetzt. Fenster wurden ausgehängt und auf einem Karren zum Glaser gebracht, damit haarfeine Risse beseitigt werden konnten, die älter waren als das Haus. Die Beispiele ließen sich fortsetzen, und Harry wurde den Eindruck nicht los, der Millionärsbesuch werde den Glanz der Hamburger Millionen wie Bootsfirnis auf alle Zimmerwände, Türen, Möbel und arme Seelen des Hauses 655 auf der Bolkerstraße pinseln mit der Garantie, dass darin zukünftig (wie im Salomon'schen Staatshaushalt) nur noch Reichtum, Glück und Harmonie regierten.

Als gäbe es keine richtigen Probleme! Als wäre nicht der Name Wunderscheit aufgetaucht wie ein verkehrter Blitz aus der Hölle ans Licht! Dieser Name ging Harry nicht mehr aus dem Kopf und das, was er damit verbinden musste: den Rohrstock dieses schlimmsten aller Lehrer an der alten Klosterschule, der die Jungen nicht nur geschlagen, sondern sich auch anderer, weit üblerer Verbrechen an ihnen schuldig gemacht hatte, weshalb er suspendiert worden war. Dieser Pater Wunderscheit, der seit Jahren aus Düsseldorf verschwunden war, ging also wieder um. Moritz Gumpertz kannte ihn! Harry wusste einfach nicht, wie er sich mit diesem Wissen auf den Besuch des Onkels konzentrieren sollte, der ihm daneben ganz unwichtig und beinah lächerlich erschien.

Aber der Besuch fand nun einmal statt. Und je näher er rückte, desto erregter wurden die Gespräche, energischer die Anweisungen und schwerer die Drohungen, was geschehen werde, wenn der Lammbraten anbrenne oder ein vom Onkel versehentlich zu Boden geworfenes Weinglas nicht unverzüglich ersetzt werden könne, weil die Reserve nicht an dem für sie vorgeschriebenen Platz sei.

Dann wurden Bilder umgehängt. Ein Stich von Rubens *Gewittersturm* musste die Stube verlassen, weil er zu düster schien. An seine Stelle rückte eine billige Nürnberger Kopie von Holbeins *Georg Gisze*. Harry lachte beherzt und kassierte einen saftigen Tadel. Was er glaube, für wen der ganze Jahrmarkt veranstaltet werde. Es stünde ihm gut, wenn auch er ein wenig Engagement beweise, um dem Onkel zu zeigen, dass er sein Geld für den Neffen nicht in den Brunnen werfe. »Aber wenn's ein Wunschbrunnen ist«, konterte Harry. »Bestimmt wünscht er sich, ewig und noch einen ganzen Tag zu leben.«

Was ihn ebenfalls abhielt, Onkel Salomon gebührend zu verehren, war dessen politische Gesinnung. Sein Vater hatte Harry mehr als einmal zu beweisen versucht, dass der Erfolgsmensch ein Weltmann sei vom Schlage Goethes. Das weinselige Wiederkäuen patriotischer Studententräume verabscheue der Bruder ebenso wie die Vergottung Napoleons, ein Liberaler eben, der wisse, was ein Taler wert sei und dass er die Zeit auf Erden nicht erhalten habe, um Verse zu reimen.

Das hatte gesessen. Samson und Salomon, brüderlich vereint als Poetenfresser ... Dazu dieser Mangel an Liebe zum Vaterland (der bei einem Juden vielleicht noch entschuldbar war); vor allem aber die blöde Anbetung des Geldes, während er, Harry Heine, mit sich und seinem Tintenfass weiß Gott anderes anzufangen wusste, als Zinsen zu errechnen und fatale Wechsel auszustellen.

Es war sein Wunsch, Dichter zu werden. Und damit meinte er etwas anderes, als sein Vater und vermutlich auch Salomon darunter verstanden: einen abgerissenen Reimling, der für zwei Groschen hundert Jahre alte Muhmen und frische Brautpaare besang. *Dichter sein* war eine eigene Lebensform. Vielleicht mochte es einem kein Geld einbringen, dafür aber das Erlebnis, etwas Hohes zu schaffen – allemal Höheres als Geld oder Tuch oder Mehl oder Nägel. Die Wahrheit, die Liebe, der Tod, die Freiheit, das Vaterland – das waren die Dinge, mit deren geistigem Handel es wahrhaftig etwas zu verdienen gab. Wer an die Börse der Poesie trat, gewann statt tausend Taler tausend Jahre Unsterblichkeit, weil er seinem Volk einen größeren Schatz als Gold schenkte: nationale sprachliche Gestalt und Identität im Spiegel der Geschichte.

Er wusste nicht, ob er Talent besaß. Er wünschte es sich, Dichter zu sein, und wollte diesen Wunsch nicht blasser werden lassen, ohne geprüft zu haben, ob er Talent hatte. Würde er feststellen, dass er keines hatte, so begäbe er sich ohne Murren ins Geschäft des Vaters oder in die Bank des Onkels. Bis dahin aber war sein Leben ein schicksalhafter Kampf um diese Gewissheit, ob er Dichter werden konnte oder nicht. Und wenn die Familie einen fördernden Anteil hatte in dieser sehr ernsten Auseinandersetzung, dann sicher nicht die Eltern oder der reiche Onkel, sondern Simon van Geldern und natürlich der Morgenländer, der selbst ein Dichter gewesen war, auch wenn er keine Verse hinterlassen hatte. Aber er hatte es verstanden (und hierin erkannte sich Harry), gewisse Momente aus dem täglichen Erleben und Empfinden herauszuheben und am Schopf ihrer Wahrheit zu packen, wie Christian den frechen armen Moritz gepackt und nicht wieder losgelassen hatte um der Wahrheit willen …

Harrys Bruder Gustav hatte die Aufgabe, an der Straßenecke zu stehen und mit einem Pfiff Bescheid zu geben, sobald die Kutsche des Onkels in Sicht kam. Die Nachricht würde von Charlotte, die oben am offenen Fenster stand, an den Rest der Familie weitergegeben, mit der Folge, dass man gemeinsam auf die Straße herunter käme, um Salomon Heine und seinen Töchtern den gebührenden Empfang zu bereiten.

Unklar war, woran Gustav den Wagen des Onkels erkennen sollte. Samson nahm an, dass auf den Seitentüren der Kutsche goldene Initialen zu sehen seien, während Simon van Geldern behauptete, es bedürfe keiner Kennzeichen, denn es werde keine einzelne Kutsche in die Bolkerstraße einbiegen, sondern gleich ein ganzer Zug von vier oder gar einem halben Dutzend Wagen.

Simon behielt Recht. Als Gustavs Pfiff ertönte und Charlotte ins Zimmer stürzte, woraufhin man mit klopfenden Herzen die Treppe hinunter vor das Haus trat, polterten zwar nicht sechs Gespanne, aber immerhin zwei blaue Kaleschen und ein gelber Shelbourne Landauer mit geöffnetem Dach auf das Haus Nummer 655 zu.

Die Wagen kamen näher. Gustav war auf der anderen Straßenseite stehen geblieben, wo sich schnell Passanten und Nachbarn sammelten, um der Ankunft des Millionärs zuzusehen. Samson winkte Gustav zu, herüberzukommen, und der Junge rannte im Zickzack zwischen Pferden und Kutschen hindurch über die Straße. Peira stieß einen Schrei aus. Aber es war nichts passiert.

Harry belustigte das ganze Getue. In dem offenen Wagen saßen vier sehr ernst um sich blickende Männer, von denen einer eine große Ledertaschen auf den Knien hielt. Die sechzehnjährige Charlotte, die neben Harry stand, schien mit der Ohnmacht zu kämpfen, während Max und Gustav mit offenen Mündern starrten. Es fehlte nicht viel, und Harry hätte an Ort und Stelle laut gelacht angesichts dieses Spektakels und all der dümmlich verlogenen Begeisterung. Nur Samson tat ihm Leid. Ihm hielt er zugute, dass sein Geschäft nicht mehr auf die Beine kommen wollte und er ohnehin ein Leben lang von der Gunst des Hamburger Bruders, mal mehr, mal weniger, abhängig gewesen war. Dass also der Vater hier Kratzfüße machte, musste jedermann verstehen. Aber warum auch Peiras Augen geradezu unirdisch glänzten, begriff Harry überhaupt nicht. Peira, die vor Stolz verhungern würde, bevor sie für ein Stück Brot vor dem Falschen kniete! Harry schüttelte den Kopf. Niemand sah es. Alle hatten nur Augen für den heranrollenden Reichtum in persona.

Die Wagen blieben stehen. Die Türen wurden geöffnet und Diener sprangen heraus. Bremskeile wurden unter die Räder gelegt und an jede Tür ein Treppchen eingehängt. Aus der mittleren Kalesche tauchte ein Kopf auf, und Onkel Salomon schaute heraus, mit vorgeschobener Unterlippe und eigentlich freundlichen Augen. Er beugte sich vor, kletterte über die zwei Stufen nach unten und trat, sich zu voller Größe aufrichtend, auf das Pflaster der Straße. Er trug einen apfelgrünen Frackrock, etwas altmodisch wirkende Schnallenschuhe und ein langes spanisches Rohr.

»Bruder!«, rief Samson und machte einen Schritt aus der Phalanx der Familie.

»Bruder!«, antwortete Salomon und lachte, sodass man ein paar Zähne in bedenklichem Zustand sehen konnte.

Der Vater ging auf den Onkel zu und streckte die Hände vor. Salomon ergriff sie beide und schüttelte. Hörte nicht auf zu schütteln und lachte. Und plötzlich kam Beifall auf. Die Geschwister klatschten in die Hände, dann Peira und schließlich die Nachbarn und Neugierigen, auch die auf der anderen Seite, sodass schließlich die ganze Straße vom Beifall widerhallte. Harry merkte, wie sein Gesicht heiß wurde. Man beobachtete ihn. Er hob die Hände und klatschte mit, erst zaghaft und zögernd. Dann entschiedener. Er wehrte sich nicht mehr. Die Freude sprang auf ihn über, und er verstand kaum mehr, warum er die schöne brüderliche Begegnung vor seinen Augen gerade eben noch belächelt hatte. Er streckte die Hände ganz vor und klatschte so laut und von Herzen, wie er nur konnte.

Der Beifall verebbte, und Peira und die Geschwister begrüßten den Schwager und Onkel. Maximilian hatte einen Kranz aus Hortensien, Brennender Liebe und Eisenhut geflochten, den er Salomon entgegenhielt. Der nahm ihn und dankte seltsam steif. Es ist also doch nur Theater, dachte Harry. Alles verlogen und unecht. Der Mann wusste mit seinem Neffen gar nichts anzufangen, er interessierte ihn nicht wirklich. Max war nichts als eine Schachfigur, die man nur wahrnahm, wenn man sie brauchte. Die Art, wie sich Salomon abrupt von Max abgewandt hatte, der noch gar nicht fertig war mit all seinem Staunen, mit seiner hellen Aufregung und seinem Augenleuchten – diese Art bewies eine kalte, geschäftsmäßige Seele. Da stand der Junge, jäh wieder allein gelassen, und der große Herr kam nun auf Harry zu, den sofort ein Schreck durchfuhr und die Angst, der schlaue Bankier habe ihm womöglich in den Kopf geblickt und wisse, wie Harry über ihn dachte, ihn abschätzte und entlarvte … Harry streckte seine Hand vor und nahm die teure goldene Hand des Onkels, dessen Augen aus der Nähe lustig funkelten, eigentlich ganz arglos und gar nicht ohne Wärme. Überrascht merkte Harry, dass er nun doch wieder versöhnt war und geradeaus in die Augen des anderen blickte. Seine eigene Stimme klang ihm fremd, als er sagte: »Willkommen, guter Oheim. Wir freuen uns alle und schätzen deinen Besuch in Düsseldorf sehr.« Nein, das hatte er nicht sagen wollen. Es war zu viel. Aber nun war es heraus. Er schüttelte weiter die große, etwas feuchtkühle Hand und machte einen Schritt zur Seite, sodass der Onkel auf die Fassade des Hauses sah. »Komm doch herein!« Auch das war unpassend und klang, als sei Harry der Hausherr und nicht Samson, der jetzt an ihnen vorbei auf den ersten Wagen zuging, um die beiden Nichten Amalie und Friederike zu begrüßen.

Ein Diener half den beiden jungen Damen aus dem Wagen. Sie trugen von der Reise verknitterte, bauschige Kleider und hielten sich, noch von der Fahrt über die sandige Landstraße, Tücher vor den Mund. Friederike, die ältere, das sah Harry sofort, hatte einen schweren, etwas männlichen Gang, während Amalie, die jetzt sechzehn war und mit dem Tuch fast ihr ganzes Gesicht verdeckte, sich bei jedem Schritt ein Stück zur Seite neigte, als wollte sie links und rechts die Menschen grüßen. In einigem Abstand zu Samson und Peira blieben sie stehen und machten gleichzeitig, was auf Harry ein bisschen ridikül wirkte, einen langen, gut geschulten Knicks.

Harry fand und fand keine Einstellung zu alledem. Das artige Herumstehen hier war am Ende doch vertan. Es wäre hundertmal gescheiter, oben im Zimmer an einer der schwierigen Strophen zu feilen, die einfach nicht gelingen wollten. Aber er hatte keine Wahl. Und vielleicht hatten die anderen doch Recht, und dieser ganze Zirkus hatte irgendeine Bedeutung und Notwendigkeit, die nur er, Harry Heine, bislang nicht erkannt hatte – und hoffentlich nie erkennen würde, dachte er bissig und machte vor den beiden Hamburger Damen einen leichten, etwas schrägen Diener. Sie gingen vorbei und folgten ihrem Vater ins Haus.

Im Wohnzimmer begrüßte man sich ein zweites Mal, diesmal ohne Mundtücher, förmlich und verlegen. Man war sich fremd. Harry war ein einziges Mal in Hamburg gewesen, vor zwei Jahren. Friederike hatte ein noch männlicheres Gesicht bekommen, in welchem sich Onkel Salomon finden ließ. Amalie dagegen war fraulich geworden. Harry entdeckte einen etwas unsymmetrischen, aber sehr schönen Schwung der oberen Lippe. Ihre Stimme hatte einen angenehmen warmen Klang, und sie selbst wirkte weniger affektiert als ihre Schwester, die immer wieder eine Hand an den Mund legte, um ein Gähnen zu verstecken. Man stand um den Tisch herum. Es wurde still. Samson sprach ein kurzes Gebet. Dann wurden Wein und ungesalzenes Brot gereicht.

Salomon war so sehr der Herrscher, dass das Zimmer für Harry alle Vertrautheit eingebüßt hatte. Die Luft war voll von Macht und Geld. Der Onkel setzte sich an die Spitze der

Tafel, links von ihm saß Samson, rechts der Mann mit der Ledertasche. Niemand redete, außer Salomon, der sich laut und umständlich über die Reise ausließ, bestaunt und gefürchtet wie ein Mohrenkönig. In Köln habe er erfahren, dass man daran denke, den Dom baulich zu vollenden. Natürlich liege das in ferner Zukunft. Aber er, Salomon Heine, habe den Plan befürwortet und jede finanzielle Hilfe durch sein Bankhaus in Aussicht gestellt …

»Warum?«, fragte Harry in die aufmerksame Stille hinein.

Alle sahen ihn an. In Salomons Gesicht bewegte sich etwas. Harry rätselte, was es war: Überraschung, Verärgerung, Unsicherheit …

»So etwas fragt man doch nicht, Harry.« Das war natürlich Peira, von der Seite. Harry sah weiter den Onkel an, von dem er erwartete, dass er den Einwand seiner Schwägerin entkräften würde.

»Lass ihn nur fragen, Betty!«, sagte Salomon. »Wer nichts fragt, der lernt nichts. Dein Sohn ist überrascht, dass ich mich als Jude für den Kölner Dom interessiere.« Er zögerte einen Moment und ließ Harry nicht aus den Augen. »Die Antwort lautet: Weil die Toleranz in diesem Land das einzige Kapital der Juden ist.«

»Seit wann sind wir Juden tolerant?«, fragte Harry. Er hatte Lust zu streiten. Aber der Onkel lächelte nur großmütig.

»Ich habe nicht die Toleranz der Juden gemeint.« Das Gespräch machte ihm sichtlich Freude. »Der Kölner Dom ist ein halbes Jahrtausend alt. Wenn er mit meinem Geld zu Ende gebaut wird, dürfen die Juden hier das Jahrtausend vielleicht noch voll machen.«

»Sieh mal an. Was Geld nicht alles schafft …«

»Geld spielt eine wichtige Rolle.« Salomon beobachtete ihn. Er spürte die Provokation.

»Und die Zinsen«, sagte Harry.

»Ach ja, die vielen, vielen Zinsen ...« Der Onkel ließ sich nicht aus der Ruhe bringen. »Ich verdiene gerne Geld, Harry. Was glaubst du, warum ich hier bin? Der Herr hier neben mir ist Mister Lionel Colt aus London. Er ist Brückenbauer. Wir glauben beide, dass die Welt immer mehr zusammenwachsen wird. In Zukunft werden immer mehr Waren produziert. Diese Waren müssen transportiert werden, in alle Richtungen. Auch von Osten nach Westen. Deshalb reisen wir das Rheinland hinauf und hinunter und verkaufen Brücken. Und außerdem: Erst gestern ist, wie ich hörte, wieder eine Fähre auf dem Rhein verunglückt und gesunken ...«

Harry musste lachen und rettete sich mit einem kleinen Hustenanfall. Salomon war also ein Brückenverkäufer. Andere schoben einen Karren durch die Straßen und verkauften Äpfel, Stoffbänder und Heilsalbe – der Oheim Salomon Heine aus Hamburg verkaufte ganze Steinbrücken!

»Und? ... Hast du schon welche verkauft?«

»Harry, das geht dich nichts an!« Diesmal war es Samson, dem es zu viel wurde. Amalie kicherte laut, und Maximilian rief: »Papa, kaufst du mir auch eine Brücke?«

»Ich habe das Gefühl, junger Mann«, sagte Salomon, jetzt betont streng, aber noch immer freundlich, »du willst dich über mich lustig machen ... Als ich so alt war wie du, wollte auch ich den Älteren zeigen, dass alles, was sie tun, unnütz ist. Das Leben ist viel zu teuer und einmalig, als dass ausgerechnet ein so kaltes Ding wie das Geld darin die wichtigste Rolle spielen soll ... Du hast ganz Recht, Harry. Wir Alten haben irgendwann, ohne es zu merken, unsere Jugend verloren und mit ihr unsere Phantasie und unsere Träume … Das ist schlecht. Wir haben erkannt, dass wir sterben müssen, und dagegen wehren wir uns, indem wir so viel Reichtum um uns sammeln, wie wir nur können. Alles sinnlos, alles dumm …« Er blickte einen Moment lang vor sich auf den Tisch. Sein Gesicht war hart geworden. »Das Leben ist wie eine Bootsfahrt. Und jetzt kommt immer klarer das andere Ufer in Sicht …«

»Aber nun wird es ja bald überall Brücken geben, Onkel«, versetzte Harry und ärgerte sich im selben Moment, dass er es gesagt hatte. Samson fuhr aus seinem Stuhl hoch, stützte die Hände auf den Tischrand und beugte sich drohend vor. Peira fasste sich an den Hals. Die beiden Schwestern blickten sich mit hochgezogenen Brauen an, und Gustav schoss mit dem Finger ein Stück Brot vor Maximilians Stirn.

»Harry, du gehst auf der Stelle nach oben«, rief Samson und schnaufte. »Zuerst entschuldigst du dich in aller Form. Das verlange ich!«

Salomon Heine schüttelte den Kopf. »Nein. Ich will das nicht, Samson. Lass ihn, bitte! … Du und Harry, ihr werdet mich für kokett halten. Aber ich will trotzdem noch einmal versuchen, deinem Sohn zu zeigen, dass ich meine Worte ernst gemeint habe.«

Samson setzte sich. Peira feuerte unentwegt bitterböse Blicke auf Harry ab. »Ich verstehe dich nicht, Junge«, zischte sie. »Man muss sich ja schämen …«

Harry hielt stand. Er war ehrlich überrascht und beeindruckt von der Reaktion des Onkels. Mit solcher Offenheit hatte er nicht gerechnet, schon gar nicht damit, dass sich Salomon an diesem Tisch in seine Seele schauen ließ. Harry beobachtete Samson und wartete ab, ob der Vater weiterhin darauf bestehen würde, dass er das Zimmer verließ.

Samson setzte sich und schwieg.

»Sei mir nicht böse, wenn ich dir in die Erziehung pfusche, lieber Bruder«, sagte der Onkel. »Kannst du dich nicht mehr erinnern, wie wir beide Vaters Tabakpflanzen verbrannt haben?«

Samson wurde bleich. Salomon nickte ihm heftig zu. »Unser Vater hatte einen Brief von unserem Lehrer bekommen, in welchem sich der arme Mann bitter über uns beide beklagte. Sehr zu Recht, wenn ich mich nicht täusche. Wie alt waren wir?«

»Sechzehn, siebzehn«, antwortete Samson unwillig.

»Jedenfalls nicht viel jünger als dein Harry.« Der Onkel lachte.

Harry zwang sich zu schmunzeln. Die Sache schien unterhaltsam zu werden, leider auch ein bisschen albern. Es wäre ihm beinah lieber gewesen, man hätte weiter gestritten.

»Dein Vater«, fuhr Salomon vergnügt fort, »wollte unbedingt Seemann werden. Hast du es deinem Sohn nie erzählt, Samson?«

Der Vater schüttelte verlegen den Kopf.

Salomon sprach mitleidlos weiter. »Er wollte Kapitän werden und in die Südsee reisen. Samson wollte, dass ich sein Steuermann werde ...«

»Hör auf, Salomon. Ich bitte dich ...«

»Ach, lass ihn doch!«, rief Peira, offenbar froh, dass man ihren Sohn zum Schweigen gebracht hatte. »Du hast auch mir noch nie davon erzählt.«

»Ja, Papa!«, schrie Max dazwischen. »Bist du Seemann gewesen?«

»Dummes Zeug«, murmelte Samson. Seine Gesichtsfarbe wechselte von dunkel zu hell und wieder zurück.

Der Onkel ließ sich ein neues Glas Wein einschenken und erzählte weiter. »Dieser Lehrer auf der Freischule hatte nur ein Auge und trug eine dunkelblaue Klappe über dem blinden. Wir hatten Angst vor ihm und nannten ihn den Piraten. Wir stellten uns vor, wie er vor Beginn seiner biederen Lehrerkarriere die Meere unsicher gemacht und wie viele Menschen er dabei erschlagen haben mochte …«

Harry hörte aufmerksam zu. Seine Streitlust war beinah verflogen. Überdies war ihm aufgefallen, dass Amalie ihn seit einiger Zeit beobachtete. Jedes Mal, wenn er zu ihr hinsah, schaute sie schnell weg (aber nie flink genug). Immer wieder passierte dasselbe, bis er einmal ihren Blick einfing und lächelte. Sie wurde dunkelrot und blickte, während ihr Vater mit erregter Stimme am Kopfende des Tisches weitererzählte, nicht wieder auf.

»Dieser Brief unseres Lehrers an den Vater enthielt eine berechtigte Klage. Der arme Mann, der bestimmt niemals auf dem Meer gewesen war, hatte eine Ziege, die ihn und seine Familie mit etwas Milch versorgte. Ich weiß nicht mehr, was uns geritten hat, jedenfalls schlichen wir uns in seinen Garten und fütterten die Ziege mit einem Gemisch aus Kartoffelschalen und Fliegenpilzen. Das Tier torkelte umher wie ein Seemann, und wir nannten es Maat-Maat, weil es mit zur Phantasiebesatzung unseres Lehrer-Piraten gehörte. Ich kann nicht begreifen, wie wir damals darauf gekommen sind …«

»Es war deine Idee«, verteidigte sich Samson.

»Kann sein, Bruder …« Der Onkel prostete allen zu und trank sein Glas leer.

Harry war versöhnt. Da saß ein Mensch wie jeder andere, und er konnte sogar über sich selbst lachen. Alle bisherigen Urteile über den Onkel waren gegenstandslos. Salomon hatte Witz und Charme, und seine Tochter Amalie, fand Harry, hatte interessante Augen. Er vergaß sogar den Pater Wunderscheit und die Sorge um Moritz für eine Weile.

»Lieber Oheim«, sagte er laut, »ich möchte mich in aller Form entschuldigen. Ich habe mich ziemlich kindisch benommen.«

Einen Augenblick wurde es still im Zimmer. Salomon erhob sich von seinem Stuhl, kam auf Harry zu und reichte ihm die Hand. Harry merkte, wie ihm das Blut ins Gesichts stieg. Er stand ebenfalls auf und nahm die Hand des Onkels.

»Ich freue mich über einen solchen Neffen«, sagte Salomon. »Du kannst stolz sein, Samson. Dieser Junge wird seinen Weg machen.«

Peira wischte sich die Augen. Samsons Gesicht zuckte vor Freude und Ergriffenheit.

»Was ich dich fragen wollte, Bruder«, fügte Salomon an. »Könnte ich meine beiden Töchter für ein paar Tage bei dir lassen? Mister Colt und ich reisen noch heute weiter nach Wesel und von dort nach Arnheim. In ein oder zwei Wochen sind wir zurück ...« In diesem Augenblick wurde die Zimmertür geöffnet und Christians Schwester Franziska lugte herein, mit roten Augen und einem Gesicht voller Angst.

»Verzeihung ... Ich störe sehr ... Harry ...« Jeder sah, dass sie weinte. »Wir suchen Christian. Er ist verschwunden. Seit gestern schon. Keiner weiß, wo er ist, und niemand hat ihn gesehen ...«

Neuntes Kapitel

Die Umstände von Christians Verschwinden waren ernster, als Harry erwartet hatte. Der Bruder, hatte Franziska zitternd berichtet, habe sich gestern Morgen zu Hause abgemeldet; er würde, sobald er Zeit fände, nach Kaiserswerth fahren, um dort einen Advokaten aufzusuchen, von dem er sich in Sachen des blutigen Stockknaufs mehr Einsatz erhoffte, als der Vater in seiner Eigenschaft als Staatsanwalt und Prokurator bislang gezeigt hätte. Natürlich sei sofort ein Streit entstanden. Auch sei die Entwendung des Stockknaufs aus der Speisekammer ans Licht gekommen. Der Vater habe Christian geschlagen, und Christian sei erschreckend nah daran gewesen, sich ernsthaft zu wehren, mit einem Ausdruck in seinen Augen, wie sie ihn noch nie gesehen hätte. Harry hatte Franziska beruhigt und nach Hause geschickt. Er wisse ziemlich genau, wo sich ihr Bruder versteckt halte. Sie solle sich keine Sorgen machen und könne ihrer Mutter ausrichten, dass er sich sofort auf den Weg machen werde, um mit Christian zu sprechen. Ob sie auch ihrem Vater diese Beruhigung zuteil werden lassen wolle, überlasse er ihr.

Sobald Onkel Salomon von der Familie verabschiedet worden und zusammen mit Lionel Colt in die Kutsche gestiegen war, hatte sich Harry auf den Weg zur Arche Noä gemacht. Simon van Geldern befand sich in hellster Aufregung, Christian Sethe habe ausgesehen wie ein türkischer Krieger. Er sei gestern Mittag ohne ein Wort ins Haus gestürmt, habe den Stockknauf aus seinem Versteck geholt und sei ebenso wortlos wieder verschwunden. Wie denn ein »türkischer Krieger« aussehe, fragte Harry. Simon hatte die Stirn gerunzelt. »So, dass du dir erst mal einen Schnaps eingießt, wenn er wieder weg ist.«

Harry ging zum Kran. Wäre Christian hier gewesen, hätte er eine Nachricht oder irgendein Zeichen hinterlassen. Aber die alten Wandlöcher, die sie für diesen Zweck vor langer Zeit verabredet hatten, waren allesamt leer.

Langsam schlich sich eine beklemmende Sorge, aber auch ein wenig Verärgerung in seine Gedanken. Niemand verschwand einfach so. Oder besser: So mancher war in der Vergangenheit verschwunden, aber dahinter steckte immer eine Geschichte, und selten eine gute.

Etwa die des Fährmanns Blum. Er betrieb vor Jahren eine Fähre auf dem Rhein, die bei gutem Wind bis nach Zons gesegelt war, ein schönes, gelbes Schiff mit einer kleinen Kajüte und einem großen Deck, auf dem an die dreißig Passagiere Platz gefunden hatten. Blum hatte eine große Familie. Seine eigenen Eltern und die seiner Frau lebten damals mit in dem Haus in der Ritterstraße. Seine Frau hatte ihm fünf Töchter geschenkt, von denen vier verheiratet waren und Söhne zur Welt gebracht hatten, die aber nicht Blums Namen trugen. Als einzige Hoffnung, seinen Namen zu erhalten, war ihm die fünfte Tochter geblieben, die noch zu Hause lebte und der kranken Mutter zur Hand ging. Um seinen Namen zu retten, verkuppelte Blum sein jüngstes Kind (es war fünfzehn) mit einem Knecht aus Haan, dem er sogar Geld dafür gab. Der Kegel aus dieser Versündigung aber wurde ein Mädchen, und die junge Mutter starb im Kindbett. Am selben Tag verschwand der Fährmann Blum. Eltern, Ehefrau und Töchter, die ganze Stadt hatte damals ein Jahr lang gesucht, ohne die geringste Spur zu finden. In einer regnerischen Winternacht war das Haus dann bis auf die Kellermauern niedergebrannt. In den Trümmern fand man die verkohlten Leichen. Nur die uneheliche Enkelin des Fährmanns hatte das Unglück überlebt, weil sie, so erzählte man sich, »die Liebe einer ihrer Tanten gewonnen hatte, die den Kegel in die Familie aufgenommen hatte wie ein eigenes Kind«. Harry kannte das Mädchen. Jeder kannte es. Es war etwa zehn Jahre alt, hatte eine verkrüppelte Hand und verkaufte manchmal Stoffreste und Knöpfe aus einer kleinen Schachtel, die es an einem Gürtel um den mageren Leib trug.

Christians Verschwinden war gewiss nicht vergleichbar mit diesem Schicksal, das Harry jetzt durch den Sinn ging. Immerhin hatte der Freund den Stockknauf bei sich, was bedeutete, dass er ein Ziel verfolgte und nicht so verzweifelt war wie der Fährmann Blum. Was auch möglich gewesen wäre. Man denke sich nur, Christian hätte erfahren, dass sein Vater wirklich bei Josefa gewesen war, oder gar, dass er wissentlich ihren Mörder deckte. Noch Schlimmeres war jedoch auszuschließen, weil der silberne Adlerkopf auf Anhieb erkannt worden wäre. Nein, Christian befand sich auf der Suche nach Sefchens Mörder; und ein wenig verletzend war, dass er auch ihm, Harry, dem engsten Freund, keine Spur hinterlassen hatte.

Auf dem Weg zurück in die Stadt nagten sonderbare Gedanken an ihm. Schuld war die immense Weite der Felder. Er blieb ein paar Mal stehen und drehte sich um sich selbst, wobei er mit den Augen dem Horizont folgte, einem Kreis, in dessen Mittelpunkt er stand. Da die Erde Kugelform hatte, überlegte er, war die Kreislinie eine Illusion. Und was aussah wie der Zusammenstoß von Erde und Himmel, war genauso illusionär, denn die »Erde« war zum Beispiel Hamm, das nahe Dorf im Süden, während der »Himmel« (wegen der Krümmung) fern über Bonn hängen mochte oder über Koblenz.

Aber das war noch nicht alles, was ihm durch den Kopf ging. Wenn er auf einer Kugel stand, so musste die Horizontlinie eine Krümmung aufweisen. Aber die Linie war gerade; nein, sie *erschien* gerade, weil er zu nah am Boden war. Befände er sich in der Montgolfière oder der Charlière, einem der beiden Ballone, die im Jahre 1783 in Paris über den Himmel gefahren waren, so würde ihm der Horizont vielleicht etwas gekrümmt erscheinen. Und je höher er stiege, umso gekrümmter würde der Horizont zu sehen sein, und irgendwo (das beschäftigte ihn am meisten) würde er die Erde als Kugel unter sich sehen. Aber wie hoch würde er fliegen müssen? In welcher Höhe würde sich dieses Wunder ereignen, von dem er hier am Boden keine rechte Vorstellung hatte, denn die Linie um ihn her war ja so gerade wie eine straff gespannte Schnur. Würde sich der Wechsel von *gerade* zu *gekrümmt* plötzlich ereignen oder allmählich? Würde dieser Moment schon unter den Wolken zu erleben sein oder erst darüber? Und über welchen Wolken denn? Schon über den bauschigquellenden oder erst über den viel höher schwebenden zerfaserten, zerrissenen?

Als er in die Stadt kam, führte ihn der Weg an der alten Franziskaner-Klosterschule vorbei, und ihm fiel Pater Wunderscheit wieder ein. Wenn Wunderscheit noch immer frei herumlief, war das ein Skandal. Immer wieder hatten damals die Eltern von betroffenen Schülern versucht, gegen ihn vorzugehen, und lange Jahre waren die Untersuchungen im Sande verlaufen, was zu der Annahme geführt hatte, Wunderscheit unterhalte Beziehungen »bis in die höchsten Kreise«.

Harry hatte sich vorgenommen, noch einmal mit Moritz zu sprechen. Mit wenig Hoffnung. Wenn der Junge wirklich mit Wunderscheit zu tun hatte, dann hatte der bestimmt dafür gesorgt haben, dass Moritz schwieg, egal, wie sehr man ihm drohte.

Harry klapperte ein paar Gasthäuser und Straßenecken ab, Orte, an denen er sich gelegentlich mit Christian und anderen Freunden aufhielt. Ohne Erfolg. Schließlich betrat er den Dallmann'schen Hof, wo die Familie Gumpertz', siebenköpfig, in zwei dunklen, engen Zimmern lebte.

Eine von Moritz' jüngeren Schwestern öffnete die Tür eine Handbreit und sah Harry misstrauisch an.

»Holst du mal den Moritz?« fragte er. »Ich bin der Heine, der euch manchmal einen Gemüsekorb bringt, erinnerst du dich?«

Die Tür ging einen Zoll weiter auf. Das kleine Gesicht regte sich nicht. Es starrte vor Dreck und allerlei Flecken.

»Der ist nicht da.«

»Und deine Mutter?«

»Auch nicht.«

»Hör zu«, sagte er. »Wenn Moritz kommt, sag ihm bitte, dass Harry hier war. Ich will ihm helfen … Wo ist er denn?«

»Weiß nicht.«

»Lass mich doch mal rein.«

»Das soll ich aber nicht.«

»Sagt wer?«

»Sagen alle.«

»Dann hättest du erst gar nicht aufmachen sollen«, meinte Harry und drückte gegen die Tür, bis er den Fuß in den Spalt stellen konnte.

Das Mädchen drehte sich um und rief: »Friedel! Marie! Moritz! … Schnell!«

»Ist er also doch da!«, sagte Harry und schob die Tür noch etwas fester auf.

»Ist er nicht!«, schrie das Kind und warf sich mit aller Kraft dagegen.

Von drinnen wurden Stimmen laut. Harry ließ von der Tür ab. Dann wurde sie ganz geöffnet. Moritz' Bruder Friedel stand da und füllte den Rahmen ziemlich aus.

»Was ist, Heine?«

»Ich wollte mit Moritz sprechen.«

»Worüber?«

»Möchte ich nicht sagen. Kann er mal rauskommen?«

»Nein.«

»Warum nicht?«

»Weil ich es sage, Jud.« Friedel trat einen Schritt auf Harry zu.

»Dann hol deine Mutter!« Harry merkte, dass ihm mulmig wurde. »Dein Bruder steckt in einer ziemlichen Klemme.«

»Das ist unsere Sache.«

»Ihr wisst es also?«

»Was?«

»Dass er mit Wunderscheit zu tun hat.«

»Wir wissen gar nichts, Kaftan. Und jetzt verschwinde, sonst kannst du mich kennen lernen …« In diesem Moment erschien Frau Gumpertz in dem dunklen Flur hinter Friedel. Sie schob ihren Sohn, der sie um mehr als einen Kopf überragte, zur Seite wie einen Sechsjährigen und brachte ein Lächeln zustande.

«Harry, du bist es ... Was ist?« Sie drehte sich um. »Und du gehst rein und hältst dein großes Maul!« Die kleine, schmächtige Frau wartete einen Augenblick, bis sich Friedel murrend in Bewegung setzte. »Und schick Moritz raus!« Sie sah Harry an. »Was ist mit Moritz?«

Sie war Mitte dreißig und in ihrer Jugend eine schöne Frau gewesen, über die man damals in der Stadt bewundernd gesprochen hatte. Jetzt fehlten ihr seit ein paar Jahren die meisten Zähne. Jedes Mal, wenn Peira zu Hause einen Korb mit Gemüse, Brot und manchmal sogar mit etwas Hammelfleisch für Gumpertz' bereitstellte, sagte sie: »Das ist für den Dallmann'schen Hof, Harry. Bringe es hin und sieh dir an, wie vergänglich wir Menschen sind ...«

Harry musste sich räuspern. »Frau Gumpertz, ich will den Moritz nicht in noch größere Schwierigkeiten bringen, als er sowieso schon hat...«

»Er hat euch angeschwärzt«, unterbrach ihn die Frau. »Dafür hat er von mir gehörig eins auf die Ohren gekriegt, das kannst du glauben.«

»Das ist es nicht.«

»Was sonst?«

Moritz tauchte hinter ihr auf, bleich, krumm, mit verschlossenem Blick. Die Mutter packte ihn am Handgelenk und zog ihn ins Licht.

»Willst du, dass er sich noch einmal bei euch entschuldigt? ... Wo ist dein Freund Christian?«

»Deshalb bin ich ja hier. Wir wissen es nicht und machen uns Sorgen. Was ich will, hat nichts mit der Nacht auf dem Friedhof zu tun. Fast nichts … Sag du was, Moritz!«

»Ich? Was denn, Harry? Ich weiß nichts.«

»Und Pater Wunderscheit?«

Der Junge wechselte die Farbe. Frau Gumpertz' Blick huschte zwischen Harry und Moritz hin und her.

»Was ist mit dem Pater, Moritz?«, fragte sie streng. »Hast du was mit ihm zu schaffen?«

»Nein, Mutter.«

»Ehrlich jetzt!«

»Nein!« Moritz drehte sich um und wollte weg. Die Frau packte ihn fester.

»Also noch mal. Ist da was mit diesem Wunderscheit?«

Moritz hatte Tränen in den Augen. Plötzlich wand er sich aus dem Griff seiner Mutter, stieß Harry weg, der beinah stolperte, und rannte über den Hof davon. Im Rennen schrie er: »Er wird die Häuser niederbrennen! Alle Häuser seiner Feinde! Er hat es uns geschworen!«

Harry hatte die Balance wieder gefunden und nahm die Verfolgung auf.

»Ich bringe ihn zurück!«, rief er im Laufen, dass es von den Häuserwänden widerhallte. Als er durch das Tor kam, sah er plötzlich etwas Großes, Dunkles vor sich. Dann gab es einen heftigen Schlag.

Er kam zu sich. Seine Augen tränten. Er erkannte das Wohnzimmer, Peiras Klavier mit der chinesischen Vase, die Porträts der Großeltern, Samsons Lehnstuhl, das Sofa, auf dem er zugedeckt lag. Im Licht des Fensters standen Peira und Doktor Wendel, die sofort herantraten und sich über ihn beugten.

»Was ist passiert?«, fragte er leise.

»Du bist mit einem hübschen Fuchs zusammengestoßen.« Peira lächelte. »Er lebt noch. Genau wie du, Gott sei Dank. Die Gumpertzsöhne haben dich in Decken gewickelt auf einem Wagen hergezogen.«

Harry erinnerte sich an nichts. Sehr langsam tauchte der Dallmann'sche Hof wieder auf, dann Moritz und Frau Gumpertz.

»Hat man ihn gefunden?«

»Wen?«

»Christian.«

Peira schüttelte den Kopf.

»Du warst ziemlich lange ohne Besinnung, Harry«, sagte der Arzt. »Ich möchte, dass du hier auf dem Sofa liegen bleibst, mindestens eine Stunde. Und dann ins Bett für ein paar Tage.« Er drückte Harrys Hand. »Versprichst du mir das?»

Harry schwieg. Er hatte weiß Gott andere Pläne, als seine Zeit im Bett zu verbringen.

»Doktor Wendel, mein Freund Christian Sethe ist verschwunden. Ich habe nach ihm gesucht. Ich kann nicht einfach hier liegen bleiben und ...«

»Das wirst du müssen, Harry, wenn du gesund bleiben willst«, unterbrach ihn der Doktor. »Wir machen uns Sorgen um dich. Im Allgemeinen wird man nach einem solchen Zusammenstoß schneller wach. Dein Vater holt dir Medizin ...«

Es war zwecklos zu widersprechen. Harry nickte schwach. Er fühlte sich wirklich nicht gut und hatte Zweifel, ob er sich auf den Beinen halten konnte, wenn er jetzt aufstünde. Der Kopf tat ihm weh, und in der Brust pikste es bei jedem Atemzug.

Doktor Wendel packte seine Tasche, sagte noch ein paar mahnende Worte und wurde dann von Peira hinausbegleitet.

Harry versuchte, sich über das, was geschehen war, einen Überblick zu verschaffen. Begonnen hatte alles mit Sefchens Tod und dem empörenden Gerede, wie schlecht und verworfen sie gewesen sei. Dann hatten Christian und er den Stockknauf gefunden und den Kamm vergraben, als Zeichen ihrer Liebe und Verehrung. Moritz hatte sie beobachtet und verraten, und nun war Christians Vater in den Verdacht geraten, mit dem Verbrechen an Josefa in irgendeiner Verbindung zu stehen. Schließlich war Christian verschwunden, und Moritz Gumpertz geriet ins Schwitzen und floh, als er den Namen Wunderscheit hörte. Das war die Summe, und sie war bedrohlich und verwirrend genug, um einem den Mut zu rauben.

Peira kehrte mit heißer Schokolade und süßem Brot zurück.

»Kannst du dich an Pater Wunderscheit erinnern?«, fragte Harry. »Und wie ihr damals versucht habt, ihn wegen seiner Schülerprügelei zu belangen?«

Peira setzte sich auf die Sofakante. »Natürlich, Junge.«

»Du weißt doch auch, dass er sich sehr viel mehr zu Schulden kommen ließ als nur das Schlagen mit dem Stock. Ich glaube, er hat Moritz Gumpertz in seiner Hand und kann ihn lenken wie ein Spielzeug.«

»Das ist ein sehr ernster Verdacht, Harry«, sagte Peira.

»Ich weiß es von Moritz.«

»Von ihm selbst? Wörtlich?«

»Er hat sich jedenfalls verraten«, musste Harry einschränken. Er wusste, was die Mutter antworten würde.

»Ich hoffe, du hast es sonst niemandem erzählt. Wenn dein Verdacht diesem Mann zu Ohren kommt …«

Darauf hatte er gewartet. Die Angst, die sofort jeden Mund verschloss und jede Erinnerung löschte. Wobei er Peira gut verstand. Aber es war nun mal dieser teuflische Mechanismus, mit dessen Hilfe sich das Böse in der Welt hielt: mit Angstschüren und Drohen.

»Du hast also auch Angst vor Wunderscheit«, sagte er geradeheraus.

Peira nahm seine Hand und streichelte sie. Und als hätte sie damit einen Gedanken in seine Haut gerieben, wurde sein Argwohn schwächer. Er stemmte sich hoch und ließ sich von Peira in den Arm nehmen. Es tröstete, wenn er daran dachte, wie viel er noch zu kämpfen hatte. *Diese eng umrissene Wärme gegen die formlose Kälte der Welt!* – So oder ähnlich hätte er es jetzt gerne gesagt. Aber er wusste, dass Peira diese Sprache nicht mochte, und sagte nichts. Sie waren sich sehr unähnlich und doch so eng verbunden. Er hielt sie fest, während sie ihn hielt, und keine äußere Macht würde diesen Ring jemals zerbrechen können …

Dann schlief er ein.

Im Traum verwandelte sich Moritz in den Pater Wunderscheit und Salomon Heine in den toten Morgenländer, der einen Mantel aus Banknoten trug, die im Wind der Wüste Nefud flatterten. Die Wüste war eine Landschaft aus lauter Stoffresten, wie sie im Bauchladen der Enkeltochter des verschwundenen Fährmanns Blum lagen. Die verwaiste Enkelin verwandelte sich in Amalie Heine, die Tochter des Hamburger Oheims. Sie trug gar kein Kleid und stand auch nicht in einer Wüste, sondern in einem Wald aus Obelisken, die von unzähligen Kränen in die Höhe gezogen wurden. In der Mitte lag die Arche Noä auf dem Trockenen. Aber das Hauptschott war verschlossen, und Noah (der deutlich Peiras Züge trug) stand oben auf der Brücke und sang das alte Lied: *Sonne, du klagende Flamme …*

Am Fußende des Sofas stand Amalie und summte dieselbe Melodie.

»Habe ich dich geweckt? Tut mir Leid. Nein, es tut mir nicht Leid. Das sagt man bloß immer so … Max erzählt, du bist gegen ein Pferd gerannt.« Sie lachte gekünstelt und kam etwas näher.

»Leider wahr«, sagte Harry. Er fühlte sich immer noch schwindelig und schloss die Augen, aber das machte es nur schlimmer.

»Hat man euch bei Charlotte einquartiert? Sie schnarcht leider ein bisschen.«

Amalie machte eine gequälte Miene. »Es ist langweilig hier. In Hamburg gehen wir in den Park, da gibt es Zauberer und Schwäne.«

»Die paar Tage wirst du schon aushalten.«

»Bitte, sprich nicht so mit mir!«

»Wie?«

»Eben so …«

Harry lachte. Es tat in der Brust weh.

»Was denkst du, wer du bist?«, fragte sie.

»Der Harry Heine, meine Liebe. Das ist nicht so wenig, wie du glaubst.«

»Aber bestimmt auch nicht so viel, wie du selber meinst – Harry Heine!« Sie schob die Unterlippe vor.

Harry hielt ihr zugute, dass sie ihm Widerworte gab und nicht gleich einknickte, wie es alle Mädchen zu tun lernten.

»Warum bist du denn gegen das Pferd gerannt?«, fragte sie.

»Weil wir uns lieben und lange gesucht haben …« Er beobachtete sie.

»Ich finde das nicht nett.«

»Was?«

»Wie du mit mir spielst.«

»Warte, bis ich erst richtig damit angefangen habe …«

»Lass das!«

»Entschuldige … Ich wollte einen Burschen einfangen, der wegrannte. Der Gaul lief mir in den Weg. Ich war unschuldig. So unschuldig wie schon lange nicht mehr.« Er lauerte, ob sie die Anspielung verstand.

»Bist du immer so frech?«

»Meistens.«

»Was soll denn aus dir werden?«

»Ein großer Mann, verehrte Kusine.«

Sie lachte, jetzt gar nicht mehr gekünstelt, wurde dann aber sofort wieder ernst. »Mein Vater ist ein großer Mann. Doch ich finde ihn langweilig.«

»Ich meine mit ›groß‹ etwas anderes«, erklärte Harry. »So groß, dass mein Kopf in den Wolken steckt und ich die Erde als Kugel sehen kann. Ich fülle mir Gas in die Ohren und steige auf wie die Montgolfière über Paris.«

»Kann es sein, dass du dich überschätzt?«

»Ein bisschen.«

»Und lügen tust du auch«, setzte sie hinzu. »Die Montgolfière wurde mit heißer Luft gefüllt, das Gas war in der Charlière. Heiße Luft passt besser zu dir, lieber Cousin.«

Harry brauchte einen Augenblick. »Hauptsache, ich sehe die Dinge von oben. Hier unten ist nicht viel los.«

»Und die Details?«, rief Amalie. »Ich möchte nicht so hoch oben sein. Lieber in alles hineinkriechen. Da gibt es größere Geheimnisse …«

Womit sie verdammt Recht hatte… Harry richtete sich ein wenig auf. Sofort kam sie näher und half ihm, fasste ihn an den Schultern und zog ihn hoch, stopfte Kissen überall hin, bis er eingeklemmt dasaß wie eine große, dumme Puppe.

»Wenn ich erst aufgestiegen und aus eigener Blödheit wieder auf die Erde zurückgefallen bin, kann ich jemand wie dich gut gebrauchen. Da bleibt kein Knochen in mir heil … Was willst du denn einmal mit deinem Stück Leben anfangen?«

»Ich bin Künstlerin«, antwortete Amalie ohne Zögern, als sei es das Selbstverständlichste von der Welt. »Soll ich dir Wasser oder Tee bringen?«

»Tee«, sagte Harry, nicht ganz so laut und fest, wie es hatte klingen sollen. Er hörte noch dieses ungewöhnliche und rätselhafte Wort nachklingen: *Künstlerin …*

»Und das *bist* du schon? Wie wird man das so schnell?«

Statt zu antworten, drehte Amalie sich um und ging in die Küche.

Er horchte auf das Klappern der Töpfe, auf das Schieben und Scharren. Irgendwo in der Wohnung quietschte Max auf seiner Violine. Draußen im Hof, auf dem kleinen gepflasterten Stück, spaltete jemand Holz. Die Scheite fielen auf die Steine und klöppelten eine seltsame, monotone und doch reizvolle Melodie.

Zehntes Kapitel

Die vor über hundert Jahren von Mannheim herbeigeschaffte fliegende Schiffbrücke über den Rhein nach Oberkassel, auch *Ponte* genannt, war eine große, von zwei Lastschiffen getragene Plattform, die mehr als ein Dutzend Wagen fassen konnte. Ihr Bewegungsprinzip war einfach. Von einem hohen, die Plattform überragenden Galgen führte ein starkes Tau über sieben Stützboote stromaufwärts, wo es im flacheren Flussbett an einem gewaltigen Anker befestigt war. Bei geschickter Steuerung wurde die Ponte von der Strömung an das jeweils andere Ufer bewegt. Bei Wind und Regen war es eine krude Reise. Bei Sonnenschein dagegen wurde sie zu einem Erlebnis, und Harry liebte es, von der Mitte des Flusses die beiden Ufer wie vom Meer aus zu betrachten, und er fühlte sich jedes Mal wie der Morgenländer, der von großer Fahrt und blutigen Abenteuern heimkehrte, um sich von allen respektvoll bewundern und bestaunen zu lassen.

Das Wetter an diesem Morgen war wechselhaft. Von Südwesten wehte ein kräftiger Wind auf das Düsseldorfer Ufer zu. Niedrige zerrissene Wolken jagten über den Himmel. Ab und zu, wenn sie besonders dunkel und tief auf die Erde niederdrückten, fielen kurze, heftige Schauer.

Harry war erleichtert, denn Christian war wohlbehalten wieder aufgetaucht. Wo er gewesen sei und was er erlebt habe, hatte er erklärt, mache es erforderlich, an das andere Rheinufer zu fahren. Sein Bericht hatte Harry eine Gänsehaut gemacht.

Sie hatten sich in den Wetterschatten eines Schuppens gestellt und sahen zu, wie die fliegende Brücke soeben das Ufer erreichte, wie die Seile herübergeworfen und festgemacht wurden und wie schließlich, mit viel Geschrei und Winken, die Wagen, einer nach dem anderen, über eine breite bewegliche Auffahrt an Land gezogen und geschoben wurden. Die meisten waren offene Leiterwagen mit Körben und Säcken voller Gemüse, Holzkohle, Flaschen und anderen Waren. Nur vier geschlossene Kutschen befanden sich darunter. Außerdem verließen die Fähre zahlreiche Fußgänger mit Handkarren oder mit Kiepen auf dem Rücken, einzelne Pferde, eine kleine Ziegenherde, eine Gruppe kettenklirrender Gefangener mit ihren Bewachern, Hausfrauen und Mägde mit Körben und Taschen, uniformierte Postträger, ein paar Zimmerleute mit einer sperrigen Ladung langer Balken, vier betrunkene Soldaten und eine Horde singender Kinder, deren Lehrer wie ein Schäferhund beständig um sie herumlief, hier und da eines an Armen und Ohren wieder einfing und schimpfte, weil es zum hundertsten Mal hatte davonlaufen wollen …

Wohin die Reise sie führen würde, wusste auch Christian nicht genau. Aber nach allem, was er über sein zweitägiges Verschwinden erzählt hatte, bestand jetzt der dringende Verdacht, dass der Besitzer des blutigen Adlerkopfs auf der linken Rheinseite zu suchen sei. Beide hatten daheim zu Notlügen gegriffen, um nicht die Besorgtheit der Eltern zu schüren. Dann hatten sie Geld, Brot und etwas Milch eingepackt und sich in aller Frühe auf den Weg gemacht.

Begonnen hatte Christians Abenteuer mit der verhassten Strafarbeit in der Senfhäuser Tischlerei. Vor drei Tagen, hatte er erzählt, sei er übel gelaunt und voller Sorge wegen des Verdachts, der seinen Vater betraf, in die Flingerstraße gelaufen, habe sich beim Meister vorgestellt und ihm den Brief ausgehändigt, in welchem der Vater die Verpflichtung des Sohnes mit ebenso gestelzten wie verlogenen Worten avisierte. Da sei von Abtragung einer »christlichen Schuld« die Rede gewesen, die überhaupt nur zu entschuldigen sei, weil »der Sünder arm an Jahren und Erfahrung ist«. Der Meister solle ihn »ordentlich in die Pflicht nehmen und veranlassen, dass der Bengel schwitzt und leidet«. Diese Stelle des unverschlossenen Schreibens hatte Christian besonders getroffen. Gleichwohl stecke in ihm, dem Sohn, »ein vielleicht trefflicher Keim, der durch Begießung mit tatkräftiger Arbeit und meisterlicher Zucht womöglich doch noch aufgehen und sprießen möchte«.

Christian hatte jede Zeile des Briefs auswendig gelernt, um sie Harry zitieren zu können. Der Meister habe ihn schweigend gelesen. Dann hatte er Christian in die Werkstatt geführt, ihn den Gesellen und Lehrlingen vorgestellt und der Obhut eines freundlichen Altgesellen anvertraut.

Die Arbeit, so hatte Christian erzählt, sei viel interessanter als erwartet. Man arbeite gerade an einem geschnitzten Fresko für das Stirnbrett eines sehr teuren Schranks. Eine vollständige Prozession mit vier Wagen und über vierzig Personen, Fahnenträgern, Nonnen mit verhüllten Gesichtern und sogar winzigen Hühnern, nicht größer als ein Fingernagel. Er, Christian, habe die Aufgabe erhalten, gewisse Abstände mit einem Stechzirkel von der Zeichnung des Künstlers auf das Holz zu übertragen. Die Gesellen schnitzten nur die groben Konturen heraus, anschließend vollendete der Künstler selbst die Figuren mit all ihren filigranen Einzelheiten.

Mitten in diese stille, beinah feierliche Arbeit war für Christian der blanke Schrecken hereingebrochen. Plötzlich sei ein Lehrling mit einem abgebrochenen Gehstock durch die Werkstatt gelaufen und wieder verschwunden. Christian war ihm nachgegangen und hatte erfahren, dass der Stock (aus Riopalisander, einem seltenen Holz) repariert werden würde, und zwar noch am selben Tag. Ein Knecht hätte ihn gebracht und würde am Nachmittag wiederkommen, um den mit einem neuen Knauf versehenen Stock zu holen.

Christian hatte nicht weiterarbeiten können. Ihm sei übel geworden, hatte er berichtet, der Altgeselle habe seinen Puls gefühlt und ihm ein tapferes Glas Weinbrand verordnet. Irgendwie war es ihm dann gelungen, sich davonzumachen, um den blutigen Silberknauf aus der Arche Noä zu holen. Als er den Knauf dann an die Bruchstelle des Stocks gehalten hatte und die beiden Splitterstellen sich wie von selbst miteinander verbanden, war ihm abermals schlecht geworden, und der Altgeselle hatte ihn besorgt nach Hause entlassen.

Christian hatte sich versteckt und gewartet, bis der Knecht auftauchte, um den reparierten Gehstock zu holen. Die Verfolgung hatte ihn ans Rheinufer geführt, in eine Gastwirtschaft und schließlich nach Hamm auf den Steinen, wo der Knecht (und mit ihm Christian) die Fähre nach Neuß bestieg. Was dann passiert war, hatte Christian nur in Stichworten erzählt. Kurz vor dem Neußer Ufer war die Fähre gegen einen Stein unter den Wellen geschlagen und sehr schnell gesunken. Bis auf einen Mann hatten sich alle Passagiere retten können. Christian war von Helfern zu einem nahen Bauernhof gebracht worden, wo er einen Tag lang krank gelegen hatte, um wieder zu Kräften zu kommen …

»Ich verrate dir jetzt, warum ich bisher nicht alles haarklein erzählt habe«, sagte Christian plötzlich, während sie an dem Schuppen warteten. Die Plattform der Ponte war leer. Man hatte begonnen, die am Ufer wartenden Wagen hinaufzuziehen.

»Ich empfand ungeheure Angst vor dem Sterben, als die Fähre immer tiefer sank und keiner von uns mehr den Mut hatte, ins Wasser zu springen, um sich zu retten. Da waren überall große Strudel. Der Erste von uns, der es versucht hatte, war vor unseren Augen ertrunken.«

»Wenn du nicht auf die Ponte willst«, sagte Harry, »fahre ich alleine rüber.«

Ihr Plan war, um die Mittagszeit alle Neußer Gaststätten aufzusuchen und in den Fluren die Stockständer zu prüfen.

»Du erkennst den Stock vielleicht gar nicht«, sagte Christian. »Er hat einen einfachen Kugelknauf bekommen, davon gibt es wirklich viele. Ich *muss* mitfahren.« Er schob Harry aus der Deckung des Schuppens zu dem Weg, der hinunter zur Plattform führte.

Sie bezahlten und betraten die fliegende Brücke.

»Es gab einen Moment«, erzählte Christian weiter, »da war ich ganz sicher, dass ich sterben würde. Mein Leben sprang mir in den Sinn, die Kindheit, die Eltern, der Umzug von Kleve nach Düsseldorf, die Schule, die Freunde, alles dicht ineinander gepresst. Dann wurde ich furchtbar traurig, schlimmer als je zuvor im Leben. Es war einfach unerträglich zu glauben… nein, zu *wissen*, dass mein Leben jetzt zu Ende sein würde. Auf einen Schlag vorbei und weg und nie mehr wach werden, damit es irgendwie weitergeht …«

Die Plattform füllte sich. Ein Schauer zog vorüber. Der Wind war kalt.

»Mir fiel Vincenzino Bozzi wieder ein und seine leblose Welt, die niemand wahrnimmt …«

Harry spähte über den Fluss. Er sagte nichts. Es war besser, nichts zu sagen. Er kannte Christian und wusste, dass er gerne auswich, wenn ihn etwas quälte. Er wurde dann erfinderisch oder schwatzte etwas über irgendein Buch, das er gerade las, oder beschrieb akribisch einen Streit mit seiner Schwester. Das Eigentliche in seinem Herzen schien eine wunderliche Reifezeit zu brauchen, bis es sich nach draußen wagte. Tage, manchmal Wochen.

Die Plattform war jetzt voll. Der Fährmann und seine Gehilfen prüften noch einmal die Ladung. Alle Wagen waren mit Seilen festgebunden, damit sie bei Wellengang nicht fortrollen oder verrutschen konnten.

»Hast du dir schon mal überlegt, Harry, dass wir ganz und gar Produkte unserer Eltern sind? Was erleben wir, wenn wir zur Welt kommen? Da ist doch kein Haus oder eine Heimatstadt. Sondern da ist die Mutter, sie zu allererst. Sie ist das Erste und Einzige, was wir fühlen, riechen, schmecken, sehen und hören. Sie ist die ganze Welt. Dann kommen der Vater, die Geschwister, die Zimmer, die Möbel, das Haus, der Garten, die Verwandten und Nachbarn, die Straße, die Stadt, das Land … Es ist, als fräßen wir uns aus dem Innersten einer Zwiebel ins Freie. Aber in unserem Wesen bleiben wir Kinder des Zwiebelkerns, und wenn wir Angst haben, sehnen wir uns zurück in den Schutz all der Schalen, die uns einmal umschlossen haben …«

Am Ufer wurden die Taue von den Holzpollern gehoben und auf die Plattform gezogen. Das lange Haltetau ächzte und knarrte an seinem Galgen, der fast die ganze Plattform überspannte. Langsam setzte sich die Ponte in Bewegung und trieb Elle für Elle auf den Strom hinaus. Das Ufer, die Häuser, das Leben entfernten sich immer weiter.

»Meine Mutter begreift nicht einmal, dass sie mich retten könnte«, sagte Christian nach einer Zeit. »Ich weiß nicht, was ich tun soll, Harry.« Er weinte versteckt. »Sie lässt mich jedes Mal im Stich. Sie blickt zu ihm hoch, er ist der König und regiert. Sie beugt sich und dient. Wir alle beugen uns. Er verbraucht sie wie eine Dose Schwedenhölzer. Und wir Kinder sind die Zierrahmen. Wir sprechen und bewegen uns nur, wenn es ihm genehm ist. Er hat sich ein Theater eingerichtet. Da stehen wir in den bunten Kulissen, und Vater zieht dann und wann an unseren Schnüren, damit es lebendig aussieht.«

Die Ponte hatte die Rheinmitte erreicht. Beide Ufer waren schmale, graue Silhouetten. Die Länge des Wassers zog sich fast bis an den Horizont. Dies war kein Fluss, phantasierte Harry, sondern ein strömender, sich drehender See, ein gewaltiger Strudel, der größer und tiefer wurde und irgendwann das Land verschlang, die Städte, alles, die Erde, den Papst, den französischen Kaiser, Gott und die Welt …

Neben ihm stand eine junge Mutter, die ihr Kind in eine Decke gewickelt auf dem Arm trug. Die winzigen Hände schauten heraus und hatten sich im Stoff des Mantels festgekrallt. Vom Kopf konnte Harry nur ein Stück der Stirn und ein paar helle Locken sehen. Die Mutter stand mit dem Rücken zum Wind. Ab und zu legte sie die freie Hand schützend auf das vermummte Köpfchen, beugte sich vor und küsste es flüchtig oder spielte selbstvergessen mit den Kinderhänden. Sie blickte dabei ernst und vielleicht ängstlich auf die Stadt zurück und in den unruhigen Himmel, aber kein Mal auf das

Kind. Jede ihrer Bewegungen schien mechanisch. Schuld daran, überlegte Harry, war wohl die Beklemmung dieser Frau, hilflos dem Wasser und Wetter ausgeliefert und keinen festen Boden unter den Füßen. Christian hatte ganz Recht! Das Kind empfand nichts von dieser Angst, solange die Mutter es festhielt. Seine Beklemmung, wenn es sie gab, war nur das Spiegelbild der mütterlichen Furcht. Mochte die Mutter mit der Plattform wanken und beben, regennass werden oder vor Wind und Kälte zittern. Für das Kind war sie die einzige und ganze Welt. Eine Welt in der Welt.

Harry erinnerte sich an seine eigene Angst, Peira könnte etwas zustoßen. Es hatte nie wirklich Grund gegeben, diese Angst zu haben. Dennoch war sie von Zeit zu Zeit aufgetreten. Es war Angst um die Welt gewesen, um das Leben, und genau genommen, Angst vor dem Tod.

»Ich glaube nicht, dass dein Vater etwas mit Sefchen zu tun hat«, sagte er zu Christian. »Er verteidigt seinen Berufsstand und seine Überzeugung, dass sich ein aufgeklärter, einflussreicher Mensch so etwas nicht zu Schulden kommen lässt.«

»Du hältst ihn für sehr naiv.« Christian blinzelte über das Wasser. Das Ufer von Oberkassel kam immer näher. Einzelheiten wurden erkennbar, die Anlegestelle, das Zollhaus mit seinen Schuppen, Zäunen und Vordächern, die Leute, die auf die Überfahrt nach Düsseldorf warteten. Weit hinten lagen die Dächer von Heerdt.

»Wenn du wüsstest, wie ungerecht er sein kann.«

»Das hast du nie erzählt.«

»Denkst du, ich bin stolz darauf? Er ist so unmenschlich streng. Er fühlt nicht mit. Als ich fünf war, habe ich ein Glas Mus leer gegessen. Zur Strafe musste ich einen Monat lang jeden Morgen vor der Frühmesse in die Pfarrkirche laufen und dort Wachs kratzen. Ganz alleine. Das sind seine Strafen. Und das war nur der Anfang. Mit sieben kannte ich die Namen aller Kommandeure sämtlicher preußischen Regimenter auswendig. Er weckte mich mitten in der Nacht und fragte sie ab, zwei- oder dreimal die Woche, mit einem Stock bewaffnet. Ich schlief so schlecht, dass ich krank wurde und Fieber bekam. Franziska hat er gezwungen, als sie noch keine sieben war, ganze Teile aus Heinses *Ardinghello* und *Zedlers Universal Lexikon* abzuschreiben. Aber nicht mit Tinte, mein Lieber, sondern mit Wasser auf reinliches Papier, damit die Bögen *wissend* würden, wie er es nannte. Sie hat so viel geweint dabei, dass das Papier beim Schreiben zerfloss. Er ist ein Scheusal. Ich hasse ihn.«

Harry war überrascht und betroffen. Es war das erste Mal, dass der Freund seine Kindheit und die Eltern in dieses Licht stellte.

»Aber dein Vater ist nicht die ganze Welt, Christian. Wir sind erwachsen.«

Christian zuckte mit den Schultern. »Ja, du vielleicht.«

Der Fährmann hatte begonnen, die Ponte zu verlangsamen. Das Ufer war nur noch dreißig, vierzig Schritte entfernt. Die jenseitige Stadt wirkte von hier aus wie ein Scherenschnitt. Die einzigen vertrauten Details waren der krumme Turm der Pfarrkirche, der vom großen Feuer verschonte Schlossturm und der alte Kranbaum am Ufer.

Christian drehte sich um und sah Harry an. »Ich glaube, die Angst vor dem Ertrinken ist nichts gegen das Aufwachen aus dieser Kindheit … dass ich merken musste, anderswo geht es anders zu. Ich war immer lieber bei euch und traurig, wenn ich nach Hause musste. Dieses bittere Vergleichen tut mehr weh, als bloß das Leben zu verlieren …«

In diesem Moment gab es einen leichten Stoß und der äußere der beiden Schiffsleiber, die die Plattform trugen, rieb sich sanft und harmlos greinend in den Ufersand.

Als sie hinter den Höfen von Oberkassel in westliche Richtung durch die leeren Felder auf das Dorf Heerdt zugingen, sah Harry wieder die Wolken über die Erdkrümmung stürzen. Und wieder versuchte er, sich die ungeheure Kugelform vorzustellen und endlich die Entfernung zu schätzen, die zwischen ihnen und den Wolken lag, die am Horizont scheinbar die Erde berührten.

»Zehn Meilen«, behauptete er.

Christian lachte ihn aus. »Viel zu wenig.«

»Zwanzig?«

»Fünfzig.«

»Mit fünfzig bist du fast in Paris«, wendete Harry ein.

»Aber natürlich. Was glaubst du denn, wie klein die Welt ist?«

Harry blieb stehen. Er malte sich aus, dass er den Himmel über Paris sah.

»Was ist, wenn wir einfach weitergehen?«, murmelte er. »Durch Neuß und auf die Straße nach Westen. Bis Aachen. Dann Lüttich, Paris …«

»Brest, der Ozean, die Neue Welt«, ergänzte Christian. Er zeigte schräg vor sich auf den Weg. »Wenn ich mit dem Finger durch die Erde steche, was glaubst du, wo liegt Amerika?«

Harry überlegte und zeigte dann knapp vor seine Schuhe.

»Da ist Neuholland oder die Südspitze Afrikas«, rief

Christian verächtlich. »Du hast wirklich keine Ahnung.« Er zeigte nach rechts auf einen Haufen Pferdeäpfel. »Hier etwa liegt Amerika, schätze ich. Und du bist gleich dort, brauchst nur zu stolpern …« Er gab Harry einen kräftigen Stoß, der sich mit einem Sprung über den Pferdemist in Sicherheit brachte. Christian rannte ihm nach und erwischte seinen Arm. Er packte ihn und drehte ihn im Kreis wie ein Kind. »Jetzt wird geflogen! Wohin willst du?«

Harry stolperte, fing sich, schrie vor Vergnügen. Christian ließ los, und beide landeten im Gras des Feldrains.

»Ich gehe nach Hamburg und werde Millionär«, rief Harry. »Sie wird mich heiraten, kein Zweifel.«

»Deine Kusine?«

»Sie ist Künstlerin.«

»Sie ist erst mal deine Kusine, Trottel. So was heiratet man nicht.«

»Was *man* tut, ist mir egal«, sagte Harry ernst und stand auf. »Der Onkel ist kein so schlechter Kerl, wie ich immer dachte. Es wird sich ertragen lassen. Amalie hat Witz und ist eine Erscheinung. Nein, ich bin von Hamburg überzeugt.«

Harry war vorausgelaufen. Christian eilte ihm nach. »Für mich gilt: Das Studium rettete ihn; dort lernte er, mit Waffen und Gesetzen umzugehen. Eines Tages kehrte er in die Heimat zurück und forderte seinen Vater auf schwere Säbel. Er tötete ihn und befreite sich, seine Mutter und seine Schwester mit Hilfe einer flammenden Rede von den Anklagen der Richter.« Er hatte Harry eingeholt. »Glaub nicht, dass ich verzweifle und mich erschieße. Du siehst ja, dass ich mich durchsetzen werde. Den Studienort werde ich selbst wählen und mein eigenes Geld verdienen ... Eines Tages wird er zurückblicken und sich schämen.«

»Dein Vater? Ich denke, du tötest ihn.«

»Ich möchte es. Ich träume es nachts. Es würde uns alle erleichtern.«

»Mich nicht«, sagte Harry kühl. »Und dich auch nicht.«

»Willst du Streit anfangen?«

»Ich will, dass du ehrlich zu dir bist. Niemand tötet seinen Vater.«

»Außer Ödipus«, entgegnete Christian.

»Der wusste es nicht.«

»Weiß ich es denn?«

»Hör auf, Christian!«, rief Harry und lief wieder voraus.

Elftes Kapitel

Mitten aus den Dächern von Neuß ragten die beiden stumpfen Türme des Münsters empor. Die Stadtmauer verdeckte die Fassaden der Häuser. Außen vor lagen Gärten mit schiefen Hütten, dazwischen erhoben sich große Abfallhügel, über denen Tauben, Amseln und Elstern kreisten.

Christian kannte Neuß recht gut. Ein Bruder seiner Mutter, Leberecht Gill, lebte hier, der von der Familie allerdings geschnitten wurde, weil er vor Jahren »toll« geworden war. Seine Ehefrau, Tante Tara (sie hieß Tamara), hatte zu ihm gehalten, obgleich das Leben mit Onkel Leberecht gewiss nicht einfach war, so viel war ihr zugestanden worden; was nichts daran geändert hatte, dass sie keinen Besuch erhielt. Außer von Christian, der sich schon als Zwölfjähriger nach Hamm und auf die Fähre nach Neuß geschlichen hatte, wo er sich oft mehr zu Hause fühlte, als bei den Eltern.

Vor und während der französischen Zeit hatte Onkel Leberecht als Katastergeometer und Kartograph gearbeitet und war bereits zum Stellvertreter seines Vorgesetzten ernannt worden, als er eines Tages eine Karte zu zeichnen begann, die allen ein Rätsel aufgab. Es war ein Plan des Kantons Neuß, der sehr genau die Umrisse der einzelnen Sektionen wiedergab, bei näherem Hinsehen aber ein Detail aufwies, das niemand kannte. Der Geometer Gill hatte dort, wo die Landstraße nach Aachen an der Sektion »Sandberg« vorüberführte, ein Gehöft oder Gebäude eingezeichnet, das in Wirklichkeit nicht existierte und von ihm mit *Luftstation* bezeichnet worden war. Als der Amtsleiter ihn danach fragte, hatte Leberecht, so berichtete Tante Tara später, lapidar geantwortet, der Boden dort sei sandig genug, um die aus Sicherheitsgründen dringend erforderliche »Luftstation« endlich zu errichten; der Bürgermeister Carroux selbst habe ihm die Hand gegeben und sich bedankt, weil er, Gill, als Einziger den Mut gehabt habe, die Station zu bauen.

Um was genau es sich handelte, war von Gill nicht zu erfahren gewesen. Da die Karte keine weiteren Ungenauigkeiten aufwies, hatte man die »Luftstation« einfach ausradiert, dem Geometer ein wenig ins Gewissen geredet und die Sache im Übrigen auf sich beruhen lassen. In den folgenden sechs Monaten war dann nichts mehr passiert. Bis zur Karwoche des Jahres vierzehn im republikanischen Kalender (»Also null fünf«, pflegte Tara jedes Mal zu präzisieren), da habe man Leberecht eines Morgens mit einer Schaufel in der Hand in einem großen, von ihm selbst gegrabenen Erdloch auf dem Sandberg an der Aachener Straße vorgefunden. Von diesem Tag an sei Leberecht Gill nicht mehr derselbe gewesen. Klare Phasen wechselten mit anderen, während denen er sich regelmäßig aus freien Stücken in die Obhut der guten Alexianer begab, bis es ihm wieder besser ging ... Nein, das Leben mit ihm war alles andere als ein Kinderspiel.

Harry hatte Onkel Leberecht flüchtig kennen gelernt, als er Christian vor zwei Jahren nach Neuß begleitet hatte, um in Taras Garten, der vor der Stadt lag, gegen ein Entgelt die Beete umzugraben. Leberecht Gill hatte sich aus seinem Lesesessel erhoben, war auf Harry zugegangen und hatte gesagt: »Es ist mir eine besondere Ehre ... der große Heine frisch aus Paris ...« – »Bin ich eine *paté gras*?«, hatte Harry Christian zugemurmelt. Der kleine, verrückte Mann mit den hellen, flinken Augen hatte sich wieder hingesetzt und weiter in seinem Buch gelesen. Wenig später hatte Harry den Mut besessen, Leberecht ins Gesicht zu fragen, wonach er auf dem Sandberg eigentlich gegraben habe. »Nach gar nichts«, hatte Gill geantwortet. »Das Loch war ein Zeichen, das Gegenteil des Himmels, invertierte Luft. Ja, das klingt sehr verrückt …«

Als sie jetzt, ziemlich müde schon, durch das Rheintor die Stadt betraten, fragte Harry, ob sie dem Onkel begegnen würden oder ob er wieder bei den Alexianern war. Christian wusste es nicht. »Das Letzte, was ich von Tante Tara gehört habe, ist ein Brief zum Weihnachtsfest. Über Leberecht stand nichts drin.«

»Ich würde mich freuen, ihn wieder zu sehen. Hast du schon mal darüber nachgedacht, dass du nicht immer dieselbe Person bist? Ich meine, für mich und jeden anderen gilt dasselbe.«

»Ich bin Christian und Christian ist ich.«

»Denkst du.«

»Immerhin erkenne ich mich jeden Morgen wieder.«

»Denk doch mal daran, als du fünf Jahre alt warst …«

»Willst du mir auf die Nerven gehen, Junge?«

»Nein, im Ernst. Mit fünf hattest du keine Erfahrung und wusstest nichts.«

»Danke sehr, Harry.«

»Wenn du mal fünfzig bist, läufst du über vor Wissen und Weisheit. Jetzt sage mir, inwieweit sind Wissen und Erfahrung ein spezifischer Teil deiner Person?«

Christian lachte verächtlich. »Ich kenne ein paar Teile an mir, die ziemlich spezifisch sind.« Er gab Harry einen kräftigen Stoß. »Warum zerbrichst du dir über so was den Kopf?«

»Ich denke bloß über deinen Onkel nach.«

»Und ich denke über den Stockknauf nach.«

Der Weg führte sie durch die Spulgasse bis zum Glockhammer. Von dort nach Westen bis zum Büchel, dem mittleren Teil der etwa tausend Schritt langen Straße, die die kleine Stadt vom Niedertor im Norden zum Obertor im Süden schnurgerade in zwei Hälften teilte.

Taras Haus stand in der Nähe des ersten Gasthauses, das in Frage kam: *Bym schwatten Rosz*. Die Fassade des Gill'schen Hauses war von hübschem Fachwerk durchbrochen, aber die Farbe der Füllungen blätterte an vielen Stellen ab, weil Tara das Geld für den Neuanstrich den Alexianern geschenkt hatte. Sie gab ihnen fast jeden Franken, den sie entbehren konnte, denn wenn Leberecht aus der Anstalt nach Hause kam, lobte er jedes Mal die Geduld der Brüder, ihre Reinlichkeit und ihr kluges Verständnis.

Der Büchel war voller Leben. Die Menschen, Handkarren und Wagen kamen kaum aneinander vorbei. Überall standen Leute und schwatzten, wurden aus dem Weg gerufen und gepfiffen, schrien zurück. Vor den Türen saßen die Hausbewohner auf selbst gezimmerten Bänken. Dazwischen hatten Kinder ihre Kisten aufgestellt und verkauften Scheren aus dem Bergischen, portugiesische Messer, belgische Schnüre, Kitt und Leim aus der Eifel, Lederstreifen, Draht und Nägel aus dem Harz. Eine singende Frau bot Kleienwasser und Weinsteinöl als Schönheitsmittel an, eine Art Wachsmaske, mit der sich alle Unreinheiten der Haut entfernen ließen; außerdem hatte sie rote Schminke aus Brasilholz, die viel Interesse fand. Ein Zahn-Athlet hob mit dem Mund einen Amboss vom Boden hoch. Gleich neben ihm pries ein *Ameisler* seine Waren an:

kleine Krüge voller Ameisenpuppen, die als Futter für Stubenvögel und Zierfische ihre Abnehmer fanden. Mitten auf der Straße schritt ein Abtrittanbieter gravitätisch wie ein Bischof einher. Unter seinem weiten Filzmantel, der bis zum Boden reichte, trug er einen Eimer bei sich, den er lauthals anbot, was ziemlich überflüssig war, denn der Eimer war auf einige Entfernung hin schon gut (oder übel) zu riechen.

An einer Hausecke stand ein Student auf einem Fass und dozierte laut »wider das alte verlogene, aber immer noch gültige Recht der fahrenden Leut, Rache am Schatten ihrer Schädiger zu üben«. Hinter ihm hatte ein Beindrechsler seinen Tisch aufgebaut und verkaufte Kämme, Haarnadeln, Löffel und Gabeln, Spielwürfel, Ringe, Fingerhüte und Uhrzeiger, künstliche Zähne, Falzbeine und Schachfiguren aus Pferdeknochen, Elfenbein und Walfischzähnen.

Schließlich, gleich neben Taras Haustür, drängten sich Neugierige um einen Stand mit Ananas, Bananen, Apfelsinen, Zitronen und Papayen. Der Junge, der sie feilhielt, hatte sich mit Ruß das Gesicht geschwärzt und behauptete schreiend, direkt aus Afrika, Neuholland und Cathay zu kommen. Dass die drei Weltgegenden nicht in einem Atem zu nennen waren, kümmerte ihn wenig und schien auch seine Zuschauer nicht zu stören, die sich nicht satt sehen konnten an dem falschen Mohren mit den grellweißen Zähnen, der obendrein Federn im Haar trug und hinter sich zwei riesige Palmwedel und ein paar Bananenblätter an die Hauswand gestellt hatte, die jeder einmal anfassen und von nahem betrachten wollte. Harry ging es nicht anders. Er zwängte sich nach vorne und befühlte die großen, tief eingerissenen Bananenfächer, betastete die Spitzen der untersten eisenharten Palmblätter, die wie Dolche waren. Wie ein Stück Morgenländer-Welt, das hier mit einem Mal nicht bloß Idee, Gedanke, Vorstellung war, sondern ganz nah und wirklich und gegenwärtig wurde und die Erde für einen Augenblick zur Kugel werden ließ.

Er hatte keine Lust, sich von Christian einfach fortziehen zu lassen. »Hast du so ein Blatt schon mal angefasst? Wie weich und fett es ist! Und die weite Welt darin …«

»Blödsinn!«, rief Christian. »Was soll das? Wir haben wirklich Wichtigeres zu tun …« Er packte Harry am Arm und zerrte ihn zum *Schwatten Rosz*.

Harry ergab sich. Christian hatte natürlich Recht. Alle Aufregung war umsonst. Jeder hier wusste, dass all das schöne exotische Zeug weder aus Afrika noch aus Cathay, geschweige denn aus Neuholland stammte. Wahrscheinlich kam es aus der Orangerie von Schloss Dyk oder Schloss Benrath, vier oder fünf Meilen von hier. Eine nachgeäffte Natur, künstlich und verlogen und nur dem Zweck dienend, dem Fürsten von Salm-Dyk oder einem anderen Schlossbewohner Apfelsinen auf die goldenen Teller zu legen. Was hier auf dem Stand lag, war der Überhang und hatte höchstens den Nutzen, den meisten Neußern ihre Armut unter die Nase zu halten.

Er folgte Christian in die Gaststätte. Rauch und Lärm quollen aus den offenen Fenstern. Sie betraten den Flur. Drei große Gehstockfässer standen gut gefüllt neben der Tür zum Schankraum. Vier Stöcke mit Kugelknauf waren darunter. Keiner davon war der gesuchte.

Harry empfand Lust, Christian zu ärgern, nur so zum Spaß. »Du bist wie der Rhein«, begann er. »Ich natürlich auch. Jeder.«

»Hör auf, Harry!«

Sie gingen zu Tante Taras Haus.

»Wir sind lebendige Spiegel, verstehst du? Jeder Schritt verändert uns. Auch das Bild, das wir von uns haben. Der Fluss ist immer derselbe, sein Verlauf, sein Bild, sein Name, seine Geschichte. Aber das Wasser, das er führt, ist immer neu, nie dasselbe …«

Christian blieb stehen und drehte sich um. »Noch ein einziges Wort, und du lernst mich kennen.« Er nahm den Türklopfer und ließ ihn gegen das Eisenschildchen fallen.

Harry verzog den Mund. Er hatte überhaupt keine Lust aufzuhören. Die Gedanken türmten sich in ihm. Wozu hatte man Freunde, wenn sie einem nicht zuhörten? »Ich finde das Bild vom Rhein sehr schön und passend. Immerwährende Veränderung im Wesen, verbunden mit bleibender Erscheinung …«

Christian blitzte ihn an.

Im selben Moment klirrte der Riegel. Die Tür bewegte sich, und Leberecht Gill blinzelte durch einen Spalt.

»Der Neffe Christian und sein hochberühmter Freund«, rief er und machte die Tür ganz auf. »Ich habe Kuchen, Milch, Schnaps, Kaffee. Wollt ihr mehr?« Er machte einen tiefen Diener und wartete, bis Christian und Harry hereingekommen waren. »Danke sehr, danke sehr. Tara ist nicht zu Hause. Geht bitte nach oben! Sie läuft durch die Gassen und sucht Weiber, mit denen sie sich das Maul zerreißen kann. Mich lässt sie einfach hier sitzen und immer älter werden und mich über alles wundern. Aber jetzt seid ihr ja da …«

Sie gingen die Treppe nach oben. Der Onkel folgte den Freunden, er atmete schwer. Ein säuerlicher Geruch lag in der

Luft. Die Stufen quietschten. Es war dunkel. Das einzige Licht fiel durch ein schartenartiges Fenster im oberen Stock, das draußen von einem Baum verdeckt wurde.

»Ich habe eine sehr wichtige Entdeckung gemacht«, sagte Leberecht oben in der Stube. Er holte Tassen aus einem Schrank mit geschliffenen Scheiben. »Wenn man jemanden schätzt, eignet man sich gewisse Gesten von ihm an. Man kopiert ihn und löst dabei die eigene Persönlichkeit um diese Anteile auf. Man verlässt sich selbst und verkleidet sich wie der Geschätzte.« Er wartete auf eine Erwiderung.

Harry staunte. Es schien, als wüsste der Onkel, was ihm zuvor, unten auf der Straße, durch den Kopf gegangen war. Er war unsicher, ob er auf das, was Leberecht gesagt hatte, eingehen sollte. »Auch Sprechweisen … Man kopiert auch Sprechweisen.«

»Natürlich«, rief der Onkel. »Ich habe gewusst, dass Sie, Herr Heine, es verstehen werden. Ich bin nicht ganz bei Trost, wie man so sagt. Manchmal gehen die Pferde mit mir durch.« Er lachte. »Aber zwischendurch geht es. Dann bin ich klar.«

»Wir wissen, dass du klar bist«, sagte Christian. Er hatte sich gesetzt.

Leberecht überlegte. »Oh, wenn einmal ein Urteil gefällt ist, nicht wahr? Sehr schwer, das wieder aufzuheben. Ich mache oft Entdeckungen, die sich schwer erklären lassen. Ich meine, die Sache mit der Luftstation damals. Nein, das war wirklich nicht so ganz ernst gemeint, aber dann auch wieder doch … Ich habe nachgegraben. Ich dachte, ich finde einen Gürtel oder einen auffälligen Stein.« Er ging in die Küche und rief: »Ich mache Kaffee!«

»Was ist eine Luftstation?«, rief Harry ihm nach.

»Nicht! Lass das!«, zischelte Christian leise und schielte durch die Tür zur Küche.

Der Onkel kehrte zurück und blieb in der Tür stehen. »Sie steckt ziemlich tief in der Erde. Mehr kann ich nicht sagen.« Und in Christians Richtung: »Keine Angst, Neffe. Ich lasse Herrn Heine ganz bestimmt in Ruhe. Ich störe euch nicht. Ihr seid frei, jederzeit zu gehen, wohin ihr wollt.«

»So meine ich das nicht, Onkel.« Christian wurde rot.

»Ich weiß, dass ihr etwas sucht. Habe ich Recht?«

»Ja«, antwortete Harry.

»Nichts Wichtiges«, schränkte Christian schnell ein.

Leberecht schüttelte den Kopf. »Natürlich ist es wichtig. Sehr sogar. Christian, Neffe, warum versteckst du dich so? Ich will kein Geld von dir.«

»Lass das, Onkel Leberecht!«

»Ihr wolltet Tara besuchen. Und ich mache euch hier nervös.«

»Überhaupt nicht, Herr Gill«, sagte Harry. »Christian ist müde vom Laufen. Ich habe vorhin auf der Straße gesagt, dass ich mich freuen würde, Sie wieder zu sehen.«

»Das ehrt mich sehr.« Der Onkel verschwand wieder in der Küche. »Es macht mich stolz!«, rief er herüber. »Ich will euch helfen.«

»Wir suchen einen Gehstock, Herr Gill.«

Christian blickte finster. Es passte ihm gar nicht, dass Harry den Onkel mit hereinzog. »Er wird alles durcheinander bringen«, flüsterte er.

Harry ließ sich nicht aufhalten. Er nahm Christians Beutel vom Tisch und wickelte den blutigen Adlerkopf aus. Leberecht trug den Kaffee ins Zimmer und stellte die Kanne auf den Tisch. Er nahm den Stockknauf, drehte ihn hin und her. »Das ist Blut. Ich verstehe. Das ist ja furchtbar. Habt ihr denn keine Angst vor diesem Menschen?«

»Doch«, gab Harry zu.

»Nein«, behauptete Christian.

»Wenn wir wissen, wer es ist, werden wir den Namen Christians Vater mitteilen.«

»Mein teurer, schweigsamer Schwager«, sagte Leberecht ironisch.

»Der uns wahrscheinlich bloß wieder hängen lässt«, setzte Christian hinzu und nahm die Kanne, um sich etwas Kaffee einzugießen.

»Der zerbrochene Stock«, sagte der Onkel, »ist vermutlich repariert worden. Ich nehme an, mit einem unauffälligen Kugelknauf, wie es sie zu hunderten gibt. Das macht es natürlich schwieriger, ihn zu erkennen. Euer Plan ist es, einen Blick in die Stockständer der Gaststätten zu werfen.«

»Alle Achtung, Onkel Leberecht«, sagte Christian. Harry schnitt dem Freund heimlich ein Gesicht.

»Und vielleicht habt ihr euch sogar überlegt, dass der verrückte Leberecht Gill euch helfen könnte, wo er doch so seltsame Dinge sieht und weiß ...«

Christian wurde wieder rot.

»Sie haben uns in Kopf und Herz geschaut, Herr Gill«, sagte Harry. Der Onkel hatte Kuchen auf den Tisch gestellt. Harry nahm sich ein Stück und aß.

»Wäre nicht jeder stolz, einem Herrn Heine aus Paris in den Kopf gucken zu dürfen?«

»Wieso glauben Sie, dass ich aus Paris komme?«

»Sie kommen natürlich aus Düsseldorf, lieber Harry. Verzeihen Sie bitte!«, lenkte Leberecht ein. »Aber Paris wäre doch nicht schlecht, oder?«

»Es ist die Welt«, sagte Harry. »Ich liebe Paris, ohne es zu kennen.«

»Tu das, mein Junge, solange du kannst«, setzte der Onkel hinzu. »Selbstverständlich werde ich mich an eurer Suche beteiligen. Ich langweile mich hier sowieso bloß.«

»Ich habe, wie Sie, auch eine wichtige Entdeckung gemacht«, sagte Harry nach einer Weile. »Ihren Neffen interessiert das nicht sehr. Er hört jetzt einfach weg …« Er gab Christian unter dem Tisch einen Tritt. »Ich habe festgestellt, dass der Mensch in seiner Persönlichkeit etwas Fließendes ist, jedenfalls nichts Starres, Unveränderliches …«

»Nicht das jetzt wieder!«, meckerte Christian.

Harry machte es umso mehr Spaß. Er setzte ein breites Grinsen auf. »Ich zum Beispiel bin wie der Rhein …«

»Sie brauchen gar nicht weiterzusprechen, Herr Heine«, unterbrach ihn Leberecht. »Sie wollen sagen, dass Sie jeden Tag ein neuer Mensch sind. Die Zeit verändert Sie, spaltet Sie auf wie einen Strom, wenn er seiner Bestimmung entgegenfließt und zum Delta wird, sobald er sein Ziel sieht. Die guten Alexianer nennen mich den *Fähnrich*, weil ich wie eine Wetterfahne jeden Tag woanders hinzeige. Und ist das Leben nicht oft ein widriger Wind?«

»Ein Sturm«, verbesserte Christian mit bissigem Unterton. Harry trat ein zweites Mal zu und traf ihn am Schienbein. In diesem Augenblick wurde die Tür geöffnet und Tante Tara betrat das Zimmer.

Tara war eine ungewöhnlich kleine Frau mit dem Gesicht

eines Igels. Ihre Stimme war hoch und schneidend. Sie trug einen Korb, den sie neben den Tisch stellte. Sie nahm Christian in den Arm, reichte Harry die Hand und sagte: »Nein, Leberecht, du bleibst im Haus, und wenn ich dich an den Tisch binden muss.« Sie schaute Harry an. »Bitte, mein Herr, glauben Sie nicht, ich sei überstreng. Ich kann es ihm an der Nase ansehen, wenn er mir stiften gehen will.«

Christian hustete. »Liebe Tante, nein, so ist es wirklich nicht ... Allerdings sind wir in der allergrößten Not, du kannst Harry fragen. Da war Leberecht so freundlich, sich anzubieten ...«

»Ich möchte niemanden etwas fragen, Christian«, erwiderte sie scharf.

Der Onkel saß still da und betrachtete seine Hände.

»Verzeihen Sie, verehrte Frau Gill«, warf Harry ein. »Ich möchte das erklären. Die gute Freundschaft zwischen ihrem Gatten und uns ist ganz natürlich zustande gekommen. Niemand hatte irgendeine Absicht oder ist überredend gewesen. Herr Gill ist ein ausgezeichneter Beobachter. Es ist so verblüffend ...«

»Nein«, sagte Tara.

»Selbstverständlich. Wenn Sie es sagen ...«

»Du musst es mir nicht übel nehmen, mein Junge«, sagte sie und duzte ihn plötzlich. »Was denkst du, wie oft ich ihn schon habe in den Gassen suchen müssen. Er läuft mir weg und hat seinen Spaß. Dagegen ist nichts einzuwenden. Aber mit einem Schlag weiß er nicht mehr, wo er ist. Dann sitzt er dort auf irgendeinem Mauerstein und flennt. Frag ihn! Und ich kann losrennen in der Nacht und muss ihn finden, weil er nichts mehr weiß, rein gar nichts mehr.«

»Sie hat leider Recht, Herr Heine«, sagte Leberecht ernst. »Plötzlich weiß ich nichts mehr. So, wie Tara es sagt.«

»Und wenn wir zusammenbleiben?«, fragte Harry behutsam.

»Nein!«

»Natürlich.«

»Ich muss mich ja schämen, so hart zu sein«, sagte sie. »Aber es geht nicht anders.«

»Wir verstehen Sie.« Harry suchte Christians Blick. »Vielleicht ziehen wir jetzt einfach mal los, sonst schaffen wir gar nichts mehr.« Er stand auf. Auch Christian erhob sich. Tara nahm Leberechts Tasse und nippte daran. Der Onkel sah mit einem Mal traurig und schwach aus, hatte die Unterlippe vorgeschoben. Sein Blick war trüb und schwerfällig geworden.

»Was müsst ihr denn um Gottes willen schaffen?«, fragte Tara. »Ich dachte, ihr wolltet uns besuchen.«

»Wir möchten beides verbinden, Tante«, sagte Christian schnell. »Deshalb haben wir Leberecht die ganze Geschichte erzählt. Weil er sich auskennt.«

»Womit?«

»Mit der Lage der Straßen«, schwindelte er. »Harry hat einen Plan von Düsseldorf gezeichnet. Ein schönes, großes Bild. Von Kaiserswerth bis Hamm auf den Steinen. Alle Plätze und Gassen. Und jetzt sind wir über den Rhein gekommen …«

Tara kämpfte mit sich.

»Die Neußer Hauptstraße hat eine ganz leichte Wellenform«, fuhr Christian fort. »Hast du das gewusst?«

»Nein …« Sie zog den Mund in die Breite, blinzelte zu Leberecht, der immer noch eingesunken und reglos dasaß.

»Also gut. Er soll mitgehen, damit euch geholfen ist. Aber bleibt unbedingt zusammen!«

Harry bedankte sich. »Wir lassen ihn keine Sekunde aus den Augen und liefern ihn gut erhalten wieder ab, egal, was passiert. Das ist ein Versprechen.«

Tara räumte die Tassen und den Kuchen weg. Der Onkel war wieder lebendig geworden. Er stand auf, bedankte sich umständlich bei jedem Einzelnen und verließ das Zimmer, um sich umzuziehen.

Zwölftes Kapitel

Auf der Straße übernahm Leberecht ohne Zögern die Führung. Er nannte auf Anhieb sieben Gasthäuser, die in Frage kämen. Das *Schwatte Rosz* nebenan konnte übergangen werden. Im *Löwen* am Marktplatz standen drei große Holzkästen voller Stöcke, darunter neun Kugelknäufe, allesamt die falschen. Das Haus *Zum Hahn* auf der Oberstraße war noch geräumiger als der *Löwe*. Der Onkel stellte sich vor die Stockständer und schüttelte den Kopf. Christian prüfte nach und bestätigte das Urteil.

»Woran siehst du, dass unser Stock nicht dabei ist?«, fragte er.

Leberecht lachte. »Vom vielen Anfassen sind die Kugeln keine Kugeln mehr … Also: Das *Schwatte Rosz* nein, der *Löwe* nein, der *Hahn* nein. Bleiben noch der *Bronne*, *Em Hess*, *Hus Obertor* und *Schiefers Hus*.«

Draußen zog ein Schauer vorbei. Sie warteten so lange im Hausgang.

»Heine, was halten Sie von der luftigen Höhe?« fragte der Onkel plötzlich.

Harry musste nachfragen, was er meinte.

»Das Fliegen über der Erde. Waren Sie dreiundachtzig nicht dabei, als man über Paris aufstieg? Ich weiß, es war lange vor Ihrer Geburt. Aber Sie hätten es vom Himmel aus sehen müssen, wenn es diesen Himmel gibt. Schade, dass wir solche Erinnerungen nicht kennen. Ach, Heine, was glauben Sie, wie oft ich mir in meinem Beruf vorgestellt habe, die Gestalt meiner Karten einmal mit eigenen Augen von dort oben sehen zu können ...« Er blickte zu den rasch ziehenden Wolken auf. »... von oben aus der frischen Luft, im Fluge.«

»Ich verstehe Sie sehr gut«, sagte Harry und bewunderte Leberecht immer mehr. Dieser Mann hatte sein Leben lang die Vogelperspektive eingenommen, ohne ein Vogel zu sein. Er hat Flügel im Kopf, dachte er und musste lachen.

»Es ist lustig, nicht wahr?«, fügte Leberecht hinzu. »Ich beneide so sehr jeden Reiher, der über die Stadt fliegt. Und die Bussarde, die man nur noch als Punkt am Himmel sieht – sie sehen, was ich gezeichnet habe. Aber was sie sehen, ist gewiss hundertmal schöner, erhabener, heiliger. Das Papier ist tot. Soll die Welt mich ruhig träumen lassen. Möchten Sie meine Bilder sehen?«

Harry war überrascht. »Ihre Karten?«

»Keine Karten. Bilder. Aquarelle. Himmelsbilder. Vogelbilder. Sie liegen bei den Alexianern und werden sehr von ihnen geschätzt. Die guten Brüder erlauben mir nicht, sie mit nach Hause zu nehmen ... Der Regen hat aufgehört, meine Herren. Wir gehen in die Hymgasse. Die Gehstöcke im *Bronne* warten auf uns.« Damit trat er auf die Straße hinaus und lief los. Harry und Christian hatten Mühe, Schritt zu halten.

De Bronne, das sah Harry sofort, und Christian wusste es, war alles andere als ein respektables Gasthaus für das biedere Publikum. Es lag halb unter der Erde. Man stieg über eine Anzahl gefährlich ausgetretener Stufen in die Tiefe. Dort folgte man einem dürftig beleuchteten Gang und betrat schließlich ein schummriges Gewölbe, dessen Größe aus Mangel an Licht nicht einzuschätzen war und dessen Atmosphäre sich aus viel Tabakrauch, einer Menge billigen Biers und ein paar dutzend finsterer Mienen und Blicke zusammenfügte.

Leberecht ging auch hier voran. Mit fester Stimme bestellte er einen Krug Bier und rief: »Das Geheimnis, lieber Heine, ist, dass sich meine berühmte Luftstation exakt an der Stelle befindet, in der ich aus genau viertausend Fuß Höhe auf die Erde niederblicke. Ich sitze in einem Apparat, der gut verborgen ist. Denken Sie bitte an eine Art Charlière.«

»Wie hoch würde man wohl fliegen müssen«, fragte Harry, »um zu erkennen, dass die Erde eine Kugel ist?« Wer sonst als ein berufsmäßiger Geometer bot sich an, diese schwierige Frage zu beantworten? Leberecht hatte längst die Aufmerksamkeit der Gäste auf sich gezogen. Es kümmerte ihn nicht. Er nahm sein Bier und trank in aller Ruhe.

»Ich würde sagen, zwei-, dreimal die Höhe der höchsten Wolken.« Auch hierbei hatte er nicht eben leise gesprochen. Jedermann hörte ihm zu. Hier und da wurde getuschelt. Einige tippten sich an die Stirn.

»Das ist schon was«, fuhr er fort. »Ich sage mal … sieben Meilen, etwa von hier bis Köln und das genau senkrecht in den Himmel.«

Das Gemurmel wurde lauter.

Leberecht nahm einen tapferen Schluck. »Das Weltenall, lieber Heine, ist keine Spinnstube. Da haben die meisten Leute doch recht kleinkarierte Vorstellungen. Sie übertragen die Ausdehnungen in ihrem Kopf auf das Universum, wer soll es ihnen verübeln … Wussten Sie, dass die Rotation der Erde dazu führt, dass sich dieser Bierkrug hier schneller als tausend Fuß pro Sekunde bewegt?« Er trank aus und knallte den

Krug auf den Tresen, sodass Christian deutlich zusammenzuckte.

Die Unruhe wuchs. Überall raunte es, und in einem dunklen Winkel weiter hinten waren ein paar Männer aufgestanden und kamen näher.

»Und jetzt, Heine, setzen Sie diese Geschwindigkeit einmal ins Verhältnis mit … sagen wir, mit der Geschwindigkeit, die ein Hühnerei hat, wenn es aus der Henne kommt und ins Stroh fällt.«

Mit einem Schlag wurde es still. Jetzt schlug auch Harry das Herz bis in den Hals hinauf.

»Ein Hühnerei?«, fragte er stimmlos und unsicher, ob Leberecht sich einen Spaß mit ihm erlauben wollte. Was nicht weiter schlimm gewesen wäre … Aber hier? Ausrechnet hier?

»Jawohl, ein Hühnerei«, beharrte der Onkel laut und hielt schon das zweite Bier in seiner Faust. »Ein fallendes Hühnerei, ins Verhältnis gesetzt mit der um sich selbst rasenden Erde … Stellen Sie sich bitte den Winkel vor, den das Ei dabei zeichnet. Es fällt eine halbe Sekunde lang und legt dabei fünfhundert Fuß nach vorne zurück …« Er staunte sichtlich über seine eigene Idee.

Harry nickte verlegen und nippte an seinem Krug. Das Bier schmeckte bitter. Der Wirt hatte vielleicht den Finger eines Gehängten in das Fass getan, um den Geschmack zu verbessern. Umsonst, dachte Harry und musste schmunzeln.

»Du lachst«, rief Leberecht. »Das ist gut. Das Ganze ist ja auch zum Lachen. Und weißt du, was noch witziger ist? Wenn das Huhn sein Ei nicht bloß einfach fallen ließe. Ich meine, wenn es ordentlich mithelfen würde, kapierst du?

Wenn es drücken würde!«, schrie er schließlich und fiel in ein knallendes und hustendes Lachen.

Als Harry sich zu Christian umdrehen wollte, blickte er einem der Männer ins Gesicht, die aus dem hinteren, unsichtbaren Teil des Kellers herangekommen waren. Er wurde bleich, zugleich stieg Hitze in ihm auf und verstärkte das Herzklopfen noch.

Der Mann war größer als er, auch kräftiger. Sein Atem roch nach Bier und Käse. Es war jetzt still. Ein paar Krüge schabten auf den Tischen, jemand hüstelte, ein anderer entließ Luft aus seinem Bauch und spuckte aus.

»Verzeihung, mein Herr«, sagte Leberecht und legte dem Mann eine Hand auf die Schulter. »Sie dürfen mich nicht missverstehen. Ich habe nicht gesagt, dass Ihr Bierkrug mit tausend Fuß pro Sekunde verschwindet. Sehen Sie, alle Krüge sind da, und hier bleiben sie auch ...«

»Lass ihn, Klaff!«, knurrte der krumme Wirt und winkte ab.

Klaff hob die Linke und griff in Leberechts schütteres, aber ziemlich langes Haar. Er bewegte den alten grauen Kopf hin und her, und sagte im Takt dieser Bewegung: »Klugscheißer kriegen von mir eins aufs Maul, damit wieder Ruhe ist.« Damit riss er Leberechts Kopf ganz herunter, zog ihn zum Ausgang und verschwand mit ihm in dem Gang. Die Tür fiel quietschend in den Riegel. Im selben Moment sprang Harry nach vorne, wollte die Tür wieder aufziehen – und griff ins Leere. Er merkte, dass ihn von hinten zwei Arme umfassten, Hände, die ihm größer als Teller erschienen, und eine furchtbare Wucht zog ihn rückwärts von der Tür weg, schwang ihn durch die schwere, zähe Luft wie durch schmutziges Wasser und stieß ihn in die andere Richtung, ins Dunkle, er flog förmlich ein Stück, bis er wieder Boden unter den Sohlen fühlte, strauchelte und so eben noch das Gleichgewicht zurückgewann. Als er sich umdrehte, sah er, dass auch Christian wehrlos in der Umklammerung eines kräftigen Kerls steckte.

Harry wankte, er suchte Halt, fand die Kante eines Tisches neben sich, sah endlich, im Dunklen, die Sitzbank und ließ sich erschöpft und mutlos niedersinken.

Alles war erstarrt. Niemand sagte ein Wort. Es gab jetzt nur diese zwei Fronten. Draußen der arme Leberecht mit seinem Peiniger, und hier drinnen Christian und er gegen den Pöbel dieser verfluchten Kellerkneipe, in die sich wahrscheinlich noch nie auch nur ein einziger Gehstock verirrt hatte, gar nicht zu reden von dem, der bis vor kurzem mit einen teuren, seltenen, silbernen Adlerkopf als Knauf verziert gewesen war. Es war gut möglich, dass die ganze Suche, die ganze Affäre überhaupt hier und jetzt endete, und zwar sehr unschön und schmerzlich und blutig und mit Geschrei und Knochenbrüchen …

Harry spürte, wie sich in ihm eine verzweifelte Wut zusammenbraute, ein zorniges Trotzdem, das er diesem Pack, wenn sich ohnehin nichts mehr retten ließ, ohne Skrupel in die Fratzen schleudern würde. Er sackte zusammen, ließ den Kopf hängen, atmete tief, ballte die Hände und schluckte seine Angst herunter, die zwar riesenhaft, aber in Wirklichkeit doch nur immer ein Schatten war, das wusste jeder in einer solchen Situation, wenn er mit dem Rücken zur Wand stand und ohne Ausweg nach vorne. Die Kraft sammelte sich. Das Herz wurde ruhiger, schlug nicht mehr wild um sich, sondern zielte mit jedem Hieb auf den Gegner, nahm ihn neu ins Visier, schlug zu und holte wieder aus, wurde nicht müde, schlug und schlug … Wie eine Katze federte Harry von der Bank hoch, flog nach vorne, die Arme vorgestreckt, und prallte ungebremst in den vordersten der Gegner, der völlig überrascht und wehrlos gegen den Tresen schlug, mit Harry verknäuelt zu Boden ging und reglos liegen blieb.

»Wenn ihr meinem Onkel auch nur ein Haar krümmt«, sagte Christian, als es wieder still war, »werde ich einen von euch töten. Nicht unbedingt den, der mit ihm raus ist … Irgendeinen … Dich oder dich … Oder vielleicht dich …«

Es blieb still. Harry hätte erwartet, dass spätestens jetzt das große Donnerwetter losgehen würde. Aber der Gefallene unter ihm knurrte nur wie ein Hund, und der Wirt brummte: »Euer Bier ist bezahlt, Jungs. Entspannt euch. Niemand krümmt Onkel Leberecht auch nur ein Haar. Der ist über alle Berge.«

Harry raffte sich zusammen und kam auf die Beine. Christian schüttelte die Arme ab, die ihn festhielten.

»Ich will zahlen«, sagte er.

»Vergiss es!«

»Wieso?«

»Habe ich doch gesagt. Leberecht hat bezahlt. Tut er jedes Mal.«

Christian legte beide Hände flach auf den Tresen. »Mein Onkel hat diese ganze Parade nur inszeniert, um abzuhauen?«

Der Wirt grinste. »Vor zwei Wochen hatte er einen Quacksalber bei sich. Dem hat er erzählt, dass er sich mit seiner Willenskraft ein Barthaar aus dem Kinn wachsen lassen kann. Genauso laut wie vorhin. Nach zwei Minuten ist Klaff aufgestanden und es gab wieder Streit. Scheinbar. Der Quacksalber dachte, sein letztes Stündlein hätte geschlagen …«

Alle lachten. Der am Boden zog sich wieder auf die Beine und schlug Harry freundschaftlich auf die Schulter. »Du kannst ja richtig gefährlich werden, was?«

Harry war so überrascht, dass er einen Moment brauchte, um sich zurechtzufinden. Dann schob er Christian zur Tür. In ihm mischten sich Wut und Erleichterung, er brauchte dringend frische Luft. Oben auf der Gasse war weit und breit niemand zu sehen.

»Jetzt können wir uns nicht mal mehr bei Tante Tara blicken lassen. Die reißt mir den Kopf ab«, sagte Christian und setzte sich auf den ausladenden Sockel einer Hauswand.

Harry hatte sich beruhigt. »Ich mag ihn trotzdem, deinen verrückten Onkel.« Er setzte sich neben den Freund und wischte sich die verblasste Angst aus seinem Gesicht.

Em Hess auf der Oberstraße aßen sie einen Teller Kohlsuppe mit Schwarzbrot. Im Stockständer fand sich kein einziger Kugelknauf. Dafür waren es *Bym Schiefers* auf der Mühlenstraße sechs. Der gesuchte war nicht dabei.

Auf dem Büchel spendierte Harry eine Apfelsine und sagte aufmunternd, dass niemand sie daran hindern konnte, so oft über den Rhein nach Neuß zu kommen, bis der Gehstock oder irgendeine andere Spur gefunden war. »Wir müssen auf den Zufall zählen«, erklärte er. »Diesmal war er unser Gegner, morgen ist er unser Freund.«

Der grelle Schrecken im Keller des *Bronne* schlich beiden nach. Harry war es auf dem Weg zum *Hess* ziemlich übel geworden. Immer wieder malte er sich aus, was hätte passieren können, wenn die Sache nicht bloß der seltsame Spaß gewesen wäre, den Leberecht sich mit ihnen gemacht hatte. Und die Übelkeit wollte gar nicht wieder weggehen. Die Apfelsine schmeckte seifig, und zu allem Übel schaukelte wieder der Abtrittanbieter mit seinem unsichtbaren Eimer an ihnen vorbei.

Christian aß die Südfrucht allein. Die Sonne stand hoch im Südwesten. Die schnurgerade Hauptstraße war jetzt leerer als am Mittag. Die meisten der Verkäufer hatten ihre Tische abgebaut, und es sah aus, als ob man für heute besser tat, wieder zurück nach Oberkassel zu laufen und die fliegende Brücke zu nehmen. Harry hatte keine Lust mehr weiterzusuchen. Er war müde und wünschte sich nach Hause, in sein Zimmer, das er zwar mit Gustav teilen musste, wo er aber dennoch Gelegenheit genug fand, in Ruhe zu lesen und zu schreiben. Der lange Fußmarsch, der noch vor ihnen lag, vermieste ihm die Laune, und wäre jetzt ein lästerlicher Reim zur Hand gewesen, mit dessen Hilfe sich der Zauberer Merlin hätte herbeirufen lassen, – er hätte ihn gesprochen, gesungen, gepfiffen oder auch, wenn nötig, getanzt, um in einem Fluge in die Bolkerstraße zu sausen, selbst auf die Gefahr hin, dass die Reise ihm das Haar versengte oder die Nägel an Händen und Füßen einrisse.

»Merlin, Merlin!«, rief er.

Christian grinste. »Spinnst du wieder los?«

»Wenn mich die Spinnerei nach Hause brächte, jederzeit.«

»Ich bin genauso geschafft wie du.«

»Dann lass uns gehen.«

»Sofort, tapferer Ritter«, antwortete Christian. »Ich muss dir erst noch für deinen Einsatz in diesem Keller danken.« Er nahm Harrys Hände. »Das war beeindruckend, Bruder, wie du auf den Kerl losgestürmt bist. Ich glaube, wenn es ernst gewesen wäre, es hätte bestimmt Tote gegeben.«

»Ja, uns«, sagte Harry und machte Anstalten loszugehen. »Ich finde deinen verrückten Onkel trotzdem ganz in Ordnung. Und jetzt komm!«

»Ich bedanke mich für das schöne Kompliment«, sagte plötzlich eine dritte Stimme. Es war Leberecht. Er schaute durch ein schmales Fenster, unter dem sie standen.

»Na also«, sagte Harry. »Graf Zufall ist uns erschienen.«

»Ich möchte mich bei euch entschuldigen.« Der Onkel verschwand aus dem Fenster und kam im nächsten Moment durch die niedrige Haustür. »Vor allem muss ich mich bedanken, dass ihr nicht gleich zu Tara gelaufen seid, um mich zu verpetzen.«

»Was hätten wir petzen sollen?«, sagte Christian. »Wir wussten nicht, wo du warst, und wissen es noch immer nicht.«

Leberecht drehte sich um und zeigte auf das Haus, aus dem er gekommen war. »Ich will euch junge, unverdorbene Männer nicht in Verlegenheit bringen ... Übrigens habe ich euren Gehstock gesehen. Er tippelte artig vor meiner Nase über den Flur in ein kleines rotes duftendes Zimmer. Nach einer Weile kam er noch leichter und befreiter tippelnd wieder heraus, überquerte die Straße und verschwand im *Schwatten Rosz*, wo er jetzt still und gehorsam in seinem Kübel wartet, bis sein Träger abermals nach ihm greift, um tip-tip zu machen, tippel-tappel und tap-tap ...«

»Ist das wieder eine Finte, Onkel?«, fragte Christian. »Woran hast du sehen können, dass es der richtige Stock war?«

»Glaub mir doch einfach! Wenn ich mich geirrt habe, nehme ich euch mit in mein Luftschiff.«

Sie lachten und gingen über die Straße. Das *Schwatte Rosz* war jetzt noch voller als vorher. Ein Blick in einen der Stockständer genügte Christian. Er zeigte auf den richtigen und sah Leberecht bewundernd an. »Onkel, du bist ein Genie.«

»Jawohl, Neffe, das bin ich. Ich kenne natürlich auch den Eigentümer und Träger dieser Waffe, ein gut riechender Herr namens Gotthilf Scherz, der alles andere als ein Witz ist und dem neben diesem Stöckchen noch vier große Mühlen und einige wunderlich wachsende Ländereien gehören. Er ist Mitglied des Neußer Stadtrats. Ein mächtiger Mann.«

Harrys Müdigkeit war verweht.

»Gotthilf Scherz«, erzählte Leberecht weiter, »hat in unserm Amt lange Zeit in dem Verdacht gestanden, ein paar Feld- und Vermessungssteine durch die Nacht bewegt zu haben, zu seinen Gunsten und mit Gottes Hilfe, versteht sich. Es war ihm nie nachzuweisen. Es gibt ihrer zu viele, sowohl Feldsteine als auch Schurken, die sie nachts zum Wandern bringen und damit ihr Land vergrößern.«

»Wir gehen rein«, bestimmte Harry.

»Und wenn er sich unsere Gesichter merkt?«, gab Christian zu bedenken.

»Er fühlt sich sicherer als ein Erzengel«, erklärte Leberecht und fasste an die Tür zum Schankraum.

Die Luft drinnen war dicker als Rübenkraut. Der Lärm schmerzte Harry im Kopf. Alle Tische waren voll besetzt. Die einzige Lücke befand sich auf einer langen Bank unter einem der Fenster. Leberecht grüßte ein paar Gäste und bestellte Bier. Die Jungen folgten ihm. Harry hielt den Blick gesenkt. Es war besser, nicht unnötig aufzufallen.

Als sie saßen, beugte sich der Onkel vor und deutete an, wer der Gesuchte war. Gotthilf Scherz saß am Kopf eines der langen Tische, die mitten im Raum standen. Er trug einen blauen Rock mit breitem, schwarzem Samtkragen und eine rote Schleife unter dem dreifachen Kinn. Sein Gesicht war genauso rot wie die schlaff herabhängende Halsschleife. Seine ganze Haltung erinnerte Harry an die der Seelöwen, die in *Bertuch's Bilderbuch für Kinder* auf dem Strand von Helgoland lagen und den ganzen Tag schliefen.

Es war ein Zwölfertisch, an dessen oberem Ende Scherz vor einem Glas Rotwein saß und offensichtlich den Vorsitz innehatte, denn, sobald ein Redner an dem Tisch fertig war, hob Scherz den schweren Kopf und erteilte dem nächsten das Wort. Harry war verwundert, dass ein so repräsentativer Männerreigen nicht Anspruch auf ein eigenes Hinterzimmer erhob und sich stattdessen mit Lärm und Gedränge abfand. Aber kaum war dieser Gedanke verblasst, als Gotthilf Scherz mit einem Mal aufstand und die Hände hob. Es wurde still. Alle Gesichter im Schankraum wandten sich Scherz zu. Der schloss die Augen, holte tief Luft und begann mit ergreifendem Timbre ein Lied zu singen, das Harry nie zuvor gehört hatte. Bei der zweiten Zeile stimmten die Gäste ein, aber nicht etwa spontan und ordnungslos, sondern wohl geübt und sorgfältig in Stimmlagen geteilt.

Das Lied griff ans Herz. Es handelte von einem Kind, das seine Eltern verliert und einem Bergwerksbesitzer in die Hände fällt, der es unter Tage Kohlenwagen ziehen lässt. Das Kind leidet entsetzlich. Schließlich gelingt ihm die Flucht, und es lebt in einem Wald mit wilden Tieren, die es ernähren und schützen.

Während man die letzte Strophe sang, glänzten viele Männeraugen, und als das Lied zu Ende war und es wieder still wurde, hörte man einige in die Tücher schnäuzen. Scherz stand lange schweigend da und genoss sichtlich die Wirkung. Dann zog er mit einer schweifenden Armbewegung die Aufmerksamkeit auf sich und sagte mit theatralisch wogender Betonung: »Nachdem unser Verein nun das dritte Jahr seiner Existenz erlebt hat, möchte ich mir an dieser Stelle erlauben, einmal die errungenen Hauptverdienste der *Neußer-Waisenhaus-Sozietät* zum Ausdruck zu bringen. Bereits im Gründungsjahre dreizehn wurde das Haus auf der Rheinstraße erworben und konnte mit Ihrer aller Hilfe bis zum März des vergangenen Jahres in ein schönes Wohnhaus für insgesamt sechzig Kinder umgebaut werden …« Beifall unterbrach ihn, erst vereinzelt, dann klatschte der versammelte Schankraum.

»Im Januar dieses Jahres«, fuhr Scherz fort, »wurden dem Verein zwei Gärten vor der Stadt überschrieben, die fortan gut bestellt den Grundstock für die Küche unseres Waisenhauses bilden werden. Hier haben wir vor allem noch einmal dem generösen Spender, Herrn Doktor Willich, unseren vereinlichen Dank auszusprechen …« Wieder Klatschen, dazwischen auch Rufe, die nur langsam verebbten und erst durch ein energisches Winken von Scherz zu einem völligen Ende gebracht werden konnten.

»Das dritte erreichte Hauptziel ist schließlich der von sofort an praktizierte Kindermittagstisch im Hause Tröndel, der Sorge tragen wird, dass nicht nur die sechzig Kinder unseres Waisenhauses jeden Tag eine warme Suppe und ein

Stück Brot erhalten werden, sondern auch andere heimatlose Kinder, die täglich die Straßen nicht nur unserer Stadt bevölkern. Einen herzlichen Dank gebührt in diesem Zusammenhang dem Ehrenmitglied unseres Vereins, Herrn Josef Knappsack, der sich bereit erklärt hat, den Mittagstisch für dieses Jahr zu bezahlen ...« Neuer Beifall kam auf und erlosch allmählich.

»Nicht zuletzt aber«, schloss Gotthilf Scherz seine Rede, »müssen wir demjenigen Mann unsere Hand reichen, ohne den der Verein gar nicht zur Gründung gelangt wäre: Herrn Pater Weiss, dem es gelungen ist, eine so stolze Anzahl von mitfühlenden, selbstlosen und christlich empfindenden Menschen um sich zu sammeln ...« Scherz verneigte sich. Wieder erhob sich Applaus, und in einer Ecke wurde ein kahler Schädel mit dem Gesicht eines Vogels sichtbar, das sofort wieder verschwand. Harry versagte der Atem. Sein Herz stolperte. Der Schreck, der ihn durchfuhr, war noch heftiger als der im *Bronne*. Er fasste Christians Arm, sie sahen sich an. Christian war nicht weniger betroffen, er hatte soeben an seinem Bier getrunken und bekam einen tüchtigen Hustenanfall.

»Ist das jetzt Glück oder Unglück?«, zischelte Harry.

»Die Frage ist«, antwortete Christian, »ob Wunderscheit uns nicht schon beim Hereinkommen erkannt hat und vielleicht gewarnt ist.«

Der Beifall hatte aufgehört und war einem allgemeinen Redelärm gewichen. Bierkrüge und Weingläser wurden an die Tische gebracht, einige Gäste brachen auf und rückten mit den Stühlen.

Christian war totenbleich. »Nimm uns beide mit in den

Himmel, Onkel, viertausend Fuß hoch oder mehr, wenn es geht. Hier unten mag ich nicht mehr sein …«

Leberecht fasste ihn besorgt an den Schultern, schüttelte ihn und rief: »Was ist, Neffe Christian? Du siehst ja aus, als hättest du den Teufel in Person gesehen!«

Dreizehntes Kapitel

Die Bescheidenheit, nachdem sie ausführlich Italien bereist und auf dem Marktplatz von Verona gelernt hatte, dass Makkaroni, wenn man drei Dutzend dicht nebeneinander stellt, einen erwachsenen Mann tragen können, – die Bescheidenheit schwor sich, ihr Wesen von Grund auf zu ändern. Sie wusch sich regelmäßig, trug englisches Tuch, französisches Parfüm und sorgte für hitzigen Zank noch unter den Schlittenhunden der kühlen Lappländer. Viele Spiegel wurden blind vor Neid, Vögel wurden stumm. Die Luft am Ganges und in Lothringen stand stiller als die Sonne, die ihren Strahlen nicht mehr traute. Elfhundert Sterne stürzten zur Erde, die besten Berliner Ideen wurden schal, und ach ... die Weltzeit zerfiel in Augenblicke, in denen die Selbstsucht Gelegenheit fand, ihr Gift zu mischen und der Bescheidenheit in einem Glas aus Honig und Perlmutt zu offerieren.

Amalie faltete das Blatt zusammen und gab es Harry zurück. »Wer hat das geschrieben?«

»Ich weiß es nicht. Ein Bote brachte es gestern meinem Freund Christian. Wir haben noch zwei solcher Geschichten bei den Sachen einer gemeinsamen Freundin gefunden.«

»Bei ihren Sachen?«

»Sie ist gestorben.«

»Wie traurig!« Amalie meinte das ernst; Harry spürte es mit Erleichterung. Sie meinte weiß Gott nicht alles ernst, was sie sagte. Aber das hatte auch etwas Spannendes.

Sie saßen im Garten. Amalie in einem weißen Holzstuhl mit

Armlehnen, Harry auf einer Kiste, über die er eine grobe Decke geworfen hatte. Das Wetter war besser als in den vergangenen Tagen. Der Frühling kam mit all seinen Knospen und nebelzarten Grünschleiern im Geäst der Büsche und Bäume.

Harry erinnerte sich an das rundliche Kindergesicht in Hamburg vor zwei Jahren, das jetzt einem geraden, schönen und ernsten Antlitz gewichen war. Nur um den Mund spielte noch Unreife. Ansonsten war Amalie zu einer anmutigen und weltgewandt wirkenden jungen Dame herangewachsen, die offenbar erst nachdachte, bevor sie sprach, und auch einen schönen Gang hatte, mit dem es ihr schon ein paar Mal gelungen war, ihn in allerlei freche Phantasien zu treiben. Er entdeckte den schönen seltsamen Schwung der Oberlippe wieder, wärmte sich an ihrer Stimme, obgleich ihm nicht kalt war, und ertappte sich dabei, ihr blöde lächelnd zuzuhören, ohne darauf zu achten, was sie sagte.

»Ihr hattet also eine gemeinsame Freundin!«, stellte sie mit gespieltem Erstaunen fest.

Harry wiegelte ab. »Es war eher Christians … Ich meine, er …«

»Er liebte sie?«

»Ja. Obwohl …«

Die Gartentür des Hinterhauses sprang auf. Peira kam mit einem Tablett heraus. »Ich habe uns Beerensaft gemacht.«

»Das ist lieb, Tante Betty«, rief Amalie und strich sich über die weiße Stirn, um zu zeigen, wie heiß ihr war. Sie trug ein viel zu warmes Kleid, dessen Ärmel die Handgelenke fest umschlossen.

Harry stand auf, und Peira stellte das Tablett mit den Gläsern auf die Kiste.

»Worüber redet ihr?«

Harry wollte antworten, suchte nach einer Ausflucht. Aber Amalie war schneller.

»Über das Fliegen durch die Luft.« Sie warf Harry einen Blick zu. »Mein Cousin, dein Sohn hat mir soeben erklärt, dass sich irgendwann einmal über unseren Köpfen, in den Wolken, genauso viele Straßen befinden werden wie auf der Erde.«

Harry lächelte verlegen und war neugierig, ob Peira diesen Unsinn für wahr nehmen würde. Alle Erfahrung sprach dagegen. Sie hatte wenig Phantasie und stand mit mehr als nur zwei Beinen auf dem Boden der Wirklichkeit.

»Man bläst Gas in die Kutschen«, fuhr Amalie schamlos fort, »und schon schweben sie davon.«

Spätestens jetzt würde die Mutter doch wohl Unmut zeigen. Aber Peira hielt den Krug in der Hand und füllte in aller Ruhe die Gläser.

»Ihr nehmt mich auf den Arm«, sagte sie lächelnd. »Obwohl, warum soll das nicht gehen? Wenn heute schon ein großer Ballon über den Himmel fliegt, wird es wohl eines Tages auch mit einer Kutsche möglich sein.«

Harry traute seinen Ohren nicht.

»War für Ideen der Junge hat, nicht wahr, Amalie?« Peira schüttelte anerkennend den Kopf. »Kann ich nicht stolz auf ihn sein?«

Amalie nickte amüsiert. »O ja. Er ist ganz verblüffend mit all seinen Geschichten. Das wird noch einmal was …«

Peira reichte die Gläser. »Trotzdem hat seine schöne Erfindung vielleicht einen kleinen Fehler.«

»Und welchen?«, fragte Harry.

»Die Pferde, mein Sohn. Wie soll man das Gas in die Pferde bekommen, damit sie fliegen?« Peira sonnte sich in ihrem Triumph.

Harry hatte es nun in der Hand, sie steigen oder fallen zu lassen. Beides hatte seinen Reiz. Ein Sturz in die jähe Enttäuschung, dass nicht der Sohn das kühne Märchen von den Luftstraßen erfunden hatte, sondern Amalie, wäre eine schöne Rache dafür, dass die Mutter hier die Ungezwungene, stets für Originelles Zugängliche spielte, ohne dabei rot zu werden. Sie weiter steigen und schauspielern zu lassen (er ahnte, mit welchem verwerflichen Ziel), sah allerdings vor Amalie besser aus und tat auch ihm selber gut. Dennoch fühlte er sich verletzt, weil Peira das alles nur für Salomon tat, den vergoldeten Schwager ... Der Hamburger Besuch hatte Peira kurzerhand verwandelt und über sie mit Zauberkraft so wesensfremde Dinge wie Witz und Phantasie ausgegossen wie der Christengott an Pfingsten den Heiligen Geist. Aber der Zauber war sehr von dieser Welt und hatte einen Namen: Amalie, die Nichte und Kusine und noch freie Millionärstochter, vor der sich Peira offenbar nicht zu schade war, die Kupplerin zu spielen.

»Die Kutschen fliegen einfach ohne Pferde, Mutter«, sagte er wie nebenbei.

Peira sah ihn an. Ihre Züge vereisten. Amalie schlug sich die Hände vor den Mund, vielleicht vor Schreck oder Scham, oder nur, weil sie ein Grinsen verbergen wollte.

»Ja«, murmelte die Mutter. »Ach, wie dumm von mir ...« Sie stellte ihr Glas hin.

Die ganze Zeit über war Harry unentschlossen gewesen, ob er noch zwei Stühle holen und in den Garten tragen sollte.

Peira und er blickten im Stehen auf Amalie herab. »Jetzt hole ich uns Stühle«, sagte er und wollte sich umdrehen.

»Nein, lass nur, Junge«, rief Peira sofort.

Harry bekam eine Ahnung, dass er sie womöglich zu arg getroffen hatte. Es tat ihm Leid. »Verzeih mir, Mutter. Es ist alles ein Missverständnis. Amalie hatte einen Traum in der Nacht. Es war gar nicht meine Idee.«

Peira sah ihn scharf an. »Was macht ihr mit mir?«, fragte sie ernst.

»Liebe Tante«, sagte Amalie mit geröteten Wangen. »Ich kann dich nur bitten, dass du uns nicht böse bist.«

Peira lächelte. »Ich verzeihe euch ... Was sonst?« Sie legte den Kopf in den Nacken und blickte in die Wolken. »Eigentlich ist es ja eine schöne Idee ...« In diesem Moment sprang Maximilian aus der Tür, blieb stehen und schaute ebenfalls nach oben.

»Ich weiß, was du siehst«, rief er. »Es sind Vögel. Aber sie krähen nicht, sondern pfeifen wie Dampfmaschinen und sind schneller als der schlimmste Sturm.«

Peira hatte den leeren Krug und die Gläser mit ins Haus genommen, Max war durch den Garten zu Freunden gelaufen. Amalie und Harry waren allein.

»Ich hätte besser gar nichts gesagt«, erklärte sie. »Du wirst denken, ich sei eine verwöhnte dumme Kuh, und hast Recht.«

Harry antwortete nicht. Er fühlte sich erleichtert, dass Peira nicht mehr da war. Während sie vorhin neben ihm stand, hatte er sich kaum getraut, Amalie anzusehen, vor lauter Angst, Peira könne es bemerken und sich in ihren peinlichen Absichten womöglich noch bestärkt fühlen. Er mochte Amalie wirklich. Aber die Vorstellung, die Mutter könne in dieser Sache »ein wenig nachhelfen« oder »zusammenführen, was sich finden soll« oder »es ihnen beiden einfach leichter machen«..., all dies löste wahrhaft schweißtreibende Vorstellungen aus.

»Deine Schwester Charlotte hat mir erzählt, dass du im Sommer zu uns nach Hamburg kommst.«

Er nickte.

»Bestimmt wird es dir bei uns gefallen.«

Natürlich musste jetzt eine schillernde Ausmalung ihres Hamburger Millionenlebens folgen. Aber es machte ihn gar nicht wütend. Er konnte sie unverhohlen ansehen und ruhig zuhören. Große Namen fielen. Das Haus, die Räume wurden beschrieben. Darunter einer, das Grüne Zimmer, dessen einziger Zweck darin bestand, einen *herrlichen Buchara*, einen großen Vasenteppich, zu beherbergen, der dort an der Wand hinge. Zwei Lehnstühle stünden davor, um den Buchara in Ruhe betrachten und genießen zu können. Oft Stunden hätte sie dort gesessen und sei in ihrer Phantasie durch ferne, gefährliche Wüsten gereist mit entlegenen Lehmdörfern, erfrischenden Oasen und geheimnisvollen Karawanen. Da habe es Augenblicke gegeben, erzählte sie (und traf Harry ins Herz), in denen sie nicht mehr gewusst hätte, welches die gültige Wirklichkeit war: die Wüste oder das stille verzaubernde Zimmer.

Dann die vielen Feste, Bälle und Diners, bei denen sie und ihre drei Schwestern zusammen mit Salomon, dem bedeutenden Vater, den Kopf der riesigen Tafeln bildeten. Er, Harry, dürfe nicht glauben, dass sie Kleider wie dieses (sie fasste verächtlich den Stoff ihres Kleides) auch in Hamburg trüge. Für Düsseldorf möchte es wohl hinreichen, für die Provinz.

Hamburg dagegen sei das Tor zur Welt, er solle nur einmal, wenn er im Sommer komme, durch den Hafen laufen und die Anzahl der verschiedenen Sprachen zählen, die dort gesprochen, gesungen und gerufen würden …

Harry nickte und nickte. Der Kopf würde ihm vom Hals fallen, wenn er so weitermachte. Bei jedem anderen Mädchen hätte er schon längst losgelacht, wäre aufgestanden, um zu gehen, oder hätte mit vor Stolz klirrender Stimme in genau dem richtigen Moment gefragt, ob sie den Mist, den sie erzählte, wirklich des Zuhörens wert fände. Hier nicht. Hier starrte er Amalie an und verlor sich. Er sah den Buchara an der Wand hängen und sich selbst auf einem der Bälle einem wichtigen Senator der ehrwürdigen Hansestadt die Hand schütteln. Scham mischte sich darunter und wurde im selben Augenblick erstickt von dem Wunsch zu glänzen, im Mittelpunkt zu stehen, ebenfalls bedeutend und wohlhabend zu sein, bewundert zu werden und geliebt von Amalie, die mit wolkenweißem Gesicht und großen dunklen Augen vor ihm saß und beinah flüsterte, Schlinge um Schlinge über ihn zu werfen schien, knüpfte, knotete, spann … Er konnte es haarklein fühlen, jeden Atemhauch aus ihrem Zaubermund. Er war völlig wehrlos, besiegt, geschlagen, annektiert … »Ich freue mich auf Hamburg«, hörte er sich sagen. »Es ist einfach unumgänglich, hier einmal gründlich herauszukommen, nicht wahr …« Er lächelte unfreiwillig. »Die ganze Welt wollen wir doch sehen und in ihr gesehen werden …« In seinem ganzen Leben hatte er noch nie einen solchen Unfug geredet.

Amalie lehnte sich zurück, spielte mit ihrem hochgesteckten Haar, machte sich die Lippen feucht und redete weiter. Dass ihr Vater mit all seiner Macht und seinem Geld im

Grunde seiner Seele ein ganz harmloser Mann sei und eigentlich weich und empfindsam wie ein Kind. Dann lachte sie hell und leicht und beinah so traurig schellend, wie es an manchen Tagen das Totenglöcklein drüben im Hof der Ursulinenschwestern tat.

»Christian und ich jagen einen Mörder«, sagte er plötzlich, unsicher, ob er es wirklich hatte sagen wollen oder ob ihn Leichtsinn verführt hatte, es zu verraten. Nein, er vertraute ihr. Nicht weniger, als er Christian vertraute. Dafür musste der Freund Verständnis haben, wenn er es erfuhr. Es handelte sich um eine Ausnahme, um etwas sehr Außergewöhnliches, um einen Notfall.

Amalie wurde noch bleicher, als sie ohnehin war.

»Dieser Mörder hat unsere gemeinsame Freundin erschlagen. Ich verrate dir damit ein Geheimnis. Wir haben ihn drüben in Neuß auf der anderen Rheinseite aufgestöbert. Ein Mann mit Einfluss. Wir können nicht einfach hingehen und ihn vor das Gericht führen, damit er bestraft wird. Wir stehen auf verlorenem Posten.«

Eine Weile trat das Zwitschern der Spatzen in den Bäumen hervor, dahinter, als Echo gebrochen, der Lärm von der Straße. Amalie befingerte den Saum ihres Kleides, legte den Stoff in Falten, strich sie wieder und wieder glatt.

»Wie könnt ihr denn sicher sein, dass er es war?«

»Ein zurückgelassener Stockknauf aus Silber, der ihm gehört.«

Sie schwieg.

Offenbar gefiel es ihr, dass er sie dauernd ansah. Sie nahm Posen ein. Es gab flüchtige prüfende Blicke. Dennoch bereute er, dass er das Geheimnis verraten hatte. Jetzt würde sie fragen und bohren und lächerliche Ideen vortragen, wie man einen Mörder fängt …

»Was habt ihr nun vor?«

»Das überlegen wir noch«, antwortete er und hätte lieber nichts gesagt und nur ihre Lippen angeschaut, so lange, bis sie fragte, was da sei, vielleicht ein Krümel oder ein Pickel, und er hätte Gelegenheit gehabt zu sagen, dass es nichts sei, außer der wunderschönen Form ihres Mundes. »Wir werden morgen noch einmal über den Rhein fahren und nach Neuß laufen, um uns das Haus des Mörders anzusehen.«

»Was habt ihr davon?«

»Vermutlich gar nichts.«

»Euch reizt die Nähe«, stellte sie nüchtern fest. »Dass ihr ihm dort nah seid und ihn töten könntet, sobald er aus der Tür tritt. Ein Messerstich, und die Gerechtigkeit ist wiederhergestellt.«

»Rache ist immer süß, Amalie. Darf ich einmal deine Hand nehmen?«

Sie streckte sie aus, und er nahm die Hand. Sie war überraschend kühl. Er hielt sie fest und war enttäuscht, dass sein Gefühl nicht ganz so wallte, wie er es erhofft hatte.

Sie zog die Hand aus seiner und sagte: »Ich komme mit euch.«

»Nein.«

»Was denkst du? Dass ich gar nichts kann? Ich habe mich im Hafen auf ein englisches Teeschiff geschlichen. Weil mich ein Matrose beleidigt hat. Er dachte, ich würde ihn nicht verstehen. Ich trug Hosen und fiel nicht auf. Ich hatte ein Messer bei mir und habe ihm in den Arm gestochen …«

»Du lügst.«

»Der dumme Kerl wurde ohnmächtig. Dann kam er wieder zu sich und bat mich in aller Form um Entschuldigung. Ich bekam Rum zu trinken und Weißbrot zu essen. Achtzehn Mann standen um mich herum und staunten sich die Augen aus. Bis ein Offizier kam und uns auseinander trieb.«

Er glaubte ihr kein Wort.

Wieder wurde die Haustür aufgestoßen. Diesmal war es Christian. Er stürzte in den Garten. Sein Gesicht war rot. Er blieb in einiger Entfernung stehen. »Ich will nicht stören, Harry … Es geht um meinen Vater. Er weiß, dass wir in Neuß waren. Erkläre mir das! Leberecht war es bestimmt nicht. Es gibt Spitzel, die uns auf Schritt und Tritt verfolgen.« Er drückte eine Hand gegen die Brust und hechelte. »Ich bin den ganzen Weg gerannt. Es hat ein riesiges Donnerwetter gegeben. Er will mich aus dem Haus jagen, das Studium nicht bezahlen, mich einsperren lassen, bis ich zur Vernunft komme …« Er weinte und drehte sich weg.

Harry sprang auf und nahm ihn in den Arm.

»Er will Gotthilf Scherz abschirmen«, schluchzte Christian. »Und Pater Wunderscheit …«

»Welcher von beiden ist der Mörder?«, fragte Amalie laut.

Christian sah sie an, als hätte er sie erst jetzt wahrgenommen.

»Ich habe es ihr erzählt, Christian.«

»Warum?«

»Ich dachte …«, begann Harry. Aber Christian schob ihn von sich fort. Er verlor die Farbe, taumelte. Harry nahm seinen Arm und zog ihn zu dem Stuhl, aus dem Amalie sofort aufstand. Sie ließen ihn sich setzen. Er schloss die Augen und fand wieder Atem.

»Meine Kusine hat mein Vertrauen.«

Christians Hände zitterten. »Mein Vater will unsere Freundschaft zerstören. Wahrscheinlich wird er sich auf deinen Vater einschießen. Ich weiß nicht, was er ihm erzählen wird. Aber gefährlich wird es.« Er raffte sich wieder hoch. »Ich muss gehen, Harry. Ich muss zu Hause weg. Du findest mich bei Tante Tara ...« Damit lief er zur Tür. Harry wollte hinterher. Aber Amalie fasste seinen Arm, und er blieb.

»Ich hätte dir nichts sagen dürfen, liebe Kusine. Es war ein Geheimnis zwischen Christian und mir. Er hat furchtbare Angst, dass sein Vater irgendwie in die Mordgeschichte verwickelt ist. Herr Sethe ist am Gericht und boykottiert trotzdem jeden unserer Schritte, den wir gegen Scherz und Wunderscheit unternehmen ...« Er nahm ihre Hand und küsste sie.

»Ich komme mit.«

»Das geht nicht.«

»Du wirst mir noch danken.«

»Es ist gefährlich. Scherz ist Mühlenbesitzer und Ratsherr. Schamlos und unberechenbar. Das ist Krieg ...«

»Lieber Cousin«, sagte Amalie ruhig. »Ich bin zwar jünger als du. Aber ich habe Verstand genug, um zu begreifen, dass diese Angelegenheit äußerst brisant ist. Was hast du für ein Bild von mir, dass du denkst, ich ginge mit dieser Sache um wie ein Kind? Mein Vater hat sehr früh dafür gesorgt, dass meine Schwestern und ich die Welt nicht bloß in Gestalt von Puppen und Holzpferden kennen lernen. Ich trenne sehr genau zwischen Spiel und Leben.«

»Verzeih, bitte!«

»Gerne ...« Sie sah ihn lange an. »Wenn du nach Hamburg

kommst, werden wir Freunde, versprichst du mir das? Christian muss nicht eifersüchtig sein. Ich werde nichts berühren, was euch beide verbindet.« Sie lachte keck.

Harry fühlte sich unfähig zu entscheiden, wie ernst es ihr war oder ob es eine Unterströmung gab, die er hier und da deutlich zu hören glaubte, eine kühle Überlegenheit, allzu viel Selbstbewusstsein vielleicht oder sogar (was ihn sehr verletzt hätte) eine Spur Hohn. Aber selbst wenn, so war sie dennoch ein ganz ungewöhnliches Geschöpf, dieses so plötzlich erwachsen, stark und schön gewordene Krösuskind.

Vierzehntes Kapitel

Mittwoch war *Lagertag*, schon zu Zeiten, als Harry noch die Schule des Herrn Rintelsohn besuchte. Lagertag bedeutete, dass Harry seinem Vater im Tuchlager zur Hand ging. Aber es konnte auch nur ein Tag sein, den Harry schläfrig und gelangweilt, aber doch angenehm und von allen in Frieden gelassen in dem hinteren Zimmerchen verbrachte. Das Lager hatte nur ein einziges Fenster, das aber kein Licht hereinließ, weil es von Regalen zugestellt war, die ringsum an den Wänden bis unter die Decke reichten und voll gestopft waren mit englischen Tuchrollen von beinah jeder Farbe und Gewebequalität. Selbst die Tür war ein bewegliches Regal, und wenn sie geschlossen war, so befand man sich in einem vollkommen abgeschiedenen Raum, in den nur wenige, allenfalls sehr tiefe Geräusche vordrangen und, wenn man obendrein die Öllampe löschte, auch nicht das geringste Tageslicht hereinfiel. Hier lag das Kapital der Familie versammelt, was dem Lager eine Sonderstellung gab, die etwa darin zum Ausdruck kam, dass es wegen der hohen Brandgefahr und des fehlenden Lichts nur mit Samsons eigens hierfür konstruierter *Sicherheitslampe* betreten werden durfte.

Es war eine schlanke Blechröhre mit Glaszylinder und einem besonders großen und schweren Fuß. Im Deckel dieser Lampe befand sich ein Löschhut, der mit seinem Arm an einem sehr dünnen Draht hing. Fiel die Lampe hin, so riss das Drähtchen und ließ den Löschhut sofort auf den brennenden Docht fallen.

Harry erinnerte sich lebhaft daran, wie Samson seine Erfindung der versammelten Familie vorführte, die damals aus den Eltern, der vier- oder fünfjährigen Charlotte und ihm selbst bestand. Vor der Demonstration des Neuen wollte der Vater die Anschauung der Gefährlichkeit des Bisherigen zeigen, was zu einem Vorfall führte, der sich Harry buchstäblich ins Gedächtnis brannte. Samson hatte einen kleinen Hügel aus Stoffresten und Stroh errichten, in den er eine alte Öllampe fallen ließ. Eine Flamme schoss empor, wurde von einer Bö in Harrys Richtung geweht und versengte ihm das Haar.

Harry liebte das Lager. Immer schon. Auch an den Tagen, wenn es galt, dem Vater beim Einräumen der neuen und Umrollen der angeschnittenen Ware zur Hand zu gehen. Aber am liebsten war er allein hier, schloss die Regaltür hinter sich und gab sich der Atmosphäre, dem Geruch des Tuchs, dem Dämmerlicht der Sicherheitslampe und der ungeheuern Stille, in der man laut mit sich selbst reden und dennoch sicher sein konnte, dass draußen nichts zu hören war. Die Tuche verschluckten alles. Als Kind hatte er, besonders an Feiertagen, wenn auch von der Straße her kaum ein Wagenklappern in das Zimmer drang, minutenlang geschwiegen und dabei erforscht, wie das Blut in seinem Kopf immer lauter zu rauschen begann, bis es wehtat und er mit beiden Händen über eine der Tuchrollen rieb, damit irgendein Geräusch entstand und ihn erlöste.

Das Tuchlager war darüber hinaus immer auch Schutzraum und Rückzugsort gewesen, wenn es Streit gegeben hatte. Wobei das Beste daran war, dass beide Eltern den »neutralen Boden« des Lagers von Anbeginn stillschweigend anerkannt hatten. Harry wurde hier in Ruhe gelassen, selbst wenn er im

Unrecht und noch nichts gelöst war; nur die Geschwister waren gefühl- und respektlos genug (oder neidisch), diese Grenzen jederzeit zu verletzen – mit noch grausamerer Lust und gespielter Gleichgültigkeit, wenn Harry gerade allein gelassen werden wollte.

Der heutige Lagertag hatte mit Routinearbeiten begonnen. Ein Fuhrwerk hatte vor dem Haus sehr früh schon eine Lieferung abgeladen, die ersten Sonnenstrahlen waren goldgelb von Osten schräg in die Straße eingefallen und hatten die frisch gestrichene Fassade des Salzmann'schen Hauses nebenan wie mit Phosphor aufleuchten lassen. Samson, Gustav und Harry hatten die Ware durch den Flur ins Lager getragen, insgesamt drei Dutzend Stück, lange, in starkes Sackleinen eingenähte und in Ölpapier gewickelte Tuchrollen, die jede ihre fünfzehn Pfund wogen. Jetzt lagen sie übereinander gestapelt in einer freien Ecke des Lagers, und es war Harrys Aufgabe, sie nach Farben und Qualität in die richtigen Regale zu sortieren.

Er saß am Boden auf einem weichen Haufen zusammengefalteter Leinensäcke und fühlte sich müde. Er hatte am Abend lange wach gelegen. Zuerst hatte der Mond etwa über Hamm gestanden, später dann über dem Rhein, in dessen Wasser er sich gewiss bleigrau und von den Wellen schaurig-schön zerrissen spiegelte. Immer wieder war Harry der Moment vor Augen erschienen, als er im *Bronne* mit dem Rücken zur Wand vor seinen vermeintlichen Angreifern stand und die Angst ihn packte. Dann die Entdeckung von Gotthilf Scherz und Pater Wunderscheit, der nach seinem Verschwinden aus Düsseldorf vor Jahren also auf der anderen Rheinseite unter dem falschen Namen Weiss Fuß gefasst und offenbar auch

Karriere gemacht hatte – und ausgerechnet bei jener *Neußer-Waisenhaus-Sozietät*! Harry dachte an Leberecht Gill und Tante Tara und ihre Furcht, ihr Mann könne sich wieder selbst verlieren. Dann fiel ihm Christian ein und dessen entsetzlicher Verdacht gegen seinen Vater … Ein ganzer Jahrmarkt voller Personen und Ereignisse hatte das Einschlafen hinausgezögert, und schließlich hatte Amalie seine Gedanken besetzt, der Schwung ihrer Lippen, ihre Stimme, ihr Blick. Nur eine Wand hatte sie voneinander getrennt, denn sie schlief in Charlottes Zimmer. Es hatte ihn ziemlich aufgeregt, an die Kusine zu denken, und wären nicht all die anderen Sorgen gewesen, hätte er vielleicht gar keinen Schlaf gefunden, sondern wäre hilflos in einen Strudel aus Sehnsucht geraten. Aus diesem hätte ihn erst die eigene Berührung befreit, aber bestimmt, wie so oft, mit hässlichem Nachgeschmack und einer giftigen Schuld, die er hasste, weil sie in die Seele biss.

Im Schlaf dann schritt die Natur zur Tat … Am Morgen hatte er heimlich sein Bettzeug wechseln müssen. Er hätte viel lieber seine Laune gewechselt, die klebte genauso an ihm. Erst als er Amalie in der Küche traf und sie ebenfalls klagte, sie hätte nicht einschlafen können, war ihm wohler geworden. Sie erklärte noch einmal mit Bestimmtheit, dass sie mit ihm über den Rhein fahren und nach Neuß laufen werde. Er hatte nicht protestiert. Das alles würde sein Geheimnis werden. Als er dann vom Frühstückstisch aufgestanden war, flüsterte er ihr zu, sie solle sich ja eine gute Lüge für Peira einfallen lassen. »Offiziell« werde die Mutter die Reise nach Neuß unter keinen Umständen gestatten: »Das ist so sicher wie das Seil der fliegenden Brücke.«

Irgendwo im Haus knallte eine Zimmertür. Max kreischte.

Plötzlich grelles Lachen. Vielleicht Charlotte. Harry wollte sich aufraffen, um endlich mit dem Einräumen zu beginnen, als eine andere Stimme hereindrang, fremd im ersten Moment. Samson dazwischen, ziemlich aufgeregt, wie es schien. Die Stimmen kamen näher. Es war der Prokurator Sethe. Harry konnte ein paar Worte verstehen. Jetzt mussten sie Samsons kleines Kontor betreten haben, das sich gleich neben dem Lager befand. Die Tür wurde nicht eben leise zugemacht. Dann Sethes Näseln: »... ob Sie wollen oder nicht, Heine, Sie werden sich anhören, was ich zu sagen habe.«

Harry wurde es heiß. Er hielt den Atem an. Christian hatte am Vortag vor diesem Augenblick gewarnt. Vermutlich war er wirklich zu Tante Tara nach Neuß geflohen. Aber wieso griff der Prokurator nun Samson an? Es machte keinen Sinn ...

»Natürlich werden Sie sagen«, rief Sethe, »Ihr Harry habe mit nichts was zu tun. Leider weiß ich es besser. Wussten Sie, dass die Bengels gestern in Neuß waren. Ich habe da meine Möglichkeiten, solche Dinge sehr nah zu verfolgen. Ich muss mich schützen, und selbstverständlich weiß ich, welcher Verdacht gegen mich gehegt wird ... Und sagen Sie jetzt bloß nicht, dass es nur Christian sei, der ihn erfunden hat. Harry ist nämlich der Schürhaken. Jawohl, Ihr sauberer Harry!« Weiter kam der Prokurator nicht. Es gab einen lauten Schlag, als ob ein Stuhl umgekippt oder Vaters schwerste Tuchschere vom Tisch auf den Dielenboden gefallen wäre. Harry traute sich kaum, Luft zu holen. Einen Augenblick blieb es still. Dann sprach Samson, ungewöhnlich laut, beinah singend.

»Ein Schürhaken also, mein Herr ... O ja, das ist er, mein Harry. Und ich muss Ihnen mitteilen, dass ich verflucht stolz bin auf ihn … auf diesen Schürhaken, der einmal ordentlich hineinfährt in diesen ganzen zum Himmel stinkenden Sud, der aus Charakteren besteht, die sich nicht zu fein sind, gewisse Mädchen zu besuchen, solange es dunkel ist, und bei Licht sich einfach in den Beichtstuhl setzen und den Kopf anlehnen … Nein, werter Sethe, ich werde nicht den Fehler machen, Sie persönlich zu beschuldigen. Das muss nicht sein. Es braucht nicht zu sein. Sie wissen genau, wen ich meine. Niemand Bestimmtes. Alle. Den und den, und den dort auch noch, die dieses Kind seit langem kannten und es sich mit ihr gefallen ließen. Jetzt ist ein Unglück geschehen, und alle sind stumm und kommen aus ihren Beichtstühlen nicht mehr heraus. Entschuldigungen gibt es die Menge. Jeder bleibt sitzen und macht aus dem Beichtstuhl einen Lehnstuhl, wie immer. Aber diesmal stinkt der Stuhl zum Himmel, Herr Prokurator. Und das ist kein Wunder, sage ich. Welcher Stuhl in dieser Welt hätte je geduftet. Wir alle tragen das in uns. Niemand ist ganz rein. Aber sich anstrengen und ein bisschen sauber halten, das kann man doch verlangen … Und darin schüren nun die Jungen. Weil sie das begriffen haben. Dort legen sie den Finger in die Wunde. Christian nicht mehr oder weniger als Harry, einer wie der andere. Es ist ihnen eine Pflicht, fürchte ich. Und Sie, mein Herr, weigern sich, diese Pflicht anzuerkennen. Sie fühlen sich verletzt, entehrt, missverstanden, beleidigt …«

Harry war aufgestanden. Drüben trat eine seltsame Pause ein, die sich gefährlich dehnte. Dann, endlich, antwortete Sethe, sehr laut, außer Atem: »Ich weiß nicht, Heine, ob ich gewillt bin, mir diese Frechheiten gefallen zu lassen. Als Erstes werde ich prüfen lassen, wie es um Ihre Liquidität als Geschäftsmann steht …«

»Tun Sie, was Sie wollen!«, schrie Samson zurück. Harry hielt den Knauf der Regaltür in der Hand. Er musste etwas tun …

»An allem ist Ihr Harry schuld! Er hat Christian vor zwei Jahren mit zu dieser Hure genommen!«

»Das nehmen Sie zurück, Sethe!«

»Niemals!« Wieder Stille, die Rätsel aufgab und Angst machte. Harry stieß die Tür auf und lief leise in den Flur. Peira stand in der Wohnzimmertür und legte sofort den Finger an den Mund.

Dann ein Geräusch aus dem Kontor. Wieder ein Schlag, diesmal dumpfer und nicht so hart wie das erste Mal. Die Tür wurde aufgerissen und Samson rief heraus: »Schnell! Den Arzt! Sethe liegt am Boden. Er wurde auf einmal blau, bekam keine Luft mehr und fiel …«

»Mein Gott!«, flüsterte Peira in Harrys Richtung. »Ich habe wirklich einen Moment geglaubt, der Vater hätte den Prokurator erschlagen …« Sie folgte dem Flur bis zur Haustür und rief nach den Kindern, um Gustav den Arzt holen zu lassen. Unverzüglich kehrte sie um. Samson und Harry hatten sich über Sethe gebeugt und ihm ein Kissen unter den Kopf geschoben. Er atmete schwach, stoßweise. Schweiß perlte ihm von der Stirn, die Lippen zitterten.

»Er hat das Bewusstsein verloren«, sagte Samson. »Es ist meine Schuld. Ich hätte ihn nicht anschreien dürfen.«

»Er hat zuerst geschrien«, wandte Peira ein. »Und unfair ist er obendrein gewesen.«

»Trotzdem gehört es sich nicht. Man hat die Fassung zu wahren. Das ist nun das Ergebnis.« Der Vater stand auf und zog sich den Überrock gerade. Harry blieb hocken. Der Prokurator stöhnte, kam wieder zu sich und blinzelte. Im Gesicht war er nicht länger blau, sondern grau und fleckig. Peira hatte ein Glas Wasser geholt und reichte es Harry, der es nahm und Sethe unsicher vor die Nase hielt. »Soll ich Ihren Kopf etwas heben, damit Sie trinken können?«

»Ich will nichts trinken …« Die Stimme brach und zerfiel in Hauchtöne. Harry rückte ein Stück ab. Der Prokurator wurde bleich. »Doch … Entschuldige bitte. Ich habe furchtbaren Durst.« Er wollte sich hochraffen, schaffte es aber nicht.

»Sie haben sich mit meinem Vater gestritten«, sagte Harry. »Ich konnte jedes Wort hören. Unbeabsichtigt. Ich war im Tuchlager nebenan … Möchten Sie das Wasserglas selber halten?«

Sethe nahm es. Er hob mühsam den Kopf und trank einen Schluck.

»Was macht ihr Bengels bloß!«

»Nichts Verwerfliches, Herr Prokurator.«

»Ihr spielt Polizei und wisst nicht, was ihr damit auslöst. Und alles wegen dieser Hure …«

Harry bezwang sich. Ihm war klar, dass er den winzigen Vorsprung, den er gewonnen hatte, mit der geringsten Aufregung verspielt haben würde. Obgleich er große Lust verspürte, ihn jetzt zu verspielen, wissentlich und just vor der Nase dieses etwas zu stolzen, selbstsicheren, mächtigen Herrn, der seinem Vater drohte …

»Sie haben meinem Vater gedroht«, sagte er.

»Er hat mich beleidigt. Ich werde ihm wieder drohen.« Sethe atmete tief. »Du darfst nicht glauben, ich wüsste mich nicht zu schützen, wenn ich angegriffen werde.«

»Niemand greift Sie an.«

»Christian.«

»Er will Sie nicht angreifen. Er verehrt Sie sehr und leidet unter dem Misstrauen gegen Sie.«

»Ich bin kein sonderlich liebender Vater. Mein Sohn hasst mich, und meine Tochter geht mir aus dem Weg, wo sie kann.«

»Ich weiß, dass Christian seinen Vater eigentlich liebt«, sagte Harry.

»Was hat er nur für Flausen im Kopf?«, stöhnte der Kranke und schloss erschöpft die Augen. »Er will mich zur Strecke bringen, aber ich setze mich zur Wehr.«

»Wir wollen Gotthilf Scherz zur Strecke bringen, den Neußer Ratsherrn, sonst niemand.«

»Unsinn!« Sethe riss die Augen auf und stierte Harry ins Gesicht. »Scherz ist eine Witzfigur. *Nomen est omen*, mein Junge.«

Harry konnte die Verstocktheit dieses Mannes mit den Händen berühren. Christian täuschte sich. Sein Vater hatte weder mit Scherz noch mit Sefchen irgendetwas zu tun. Es war die pure Angst vor dem selbst verschuldeten Hass seiner Kinder, die den Prokurator immer wieder in die Enge trieb, – die Furcht vor der Rache für eine Kindheit und Jugend voller Lieblosigkeit und Willkür. Sethes Folterknecht war sein Gewissen, und wohl zu Recht, wenn es zutraf, was Christian erzählt hatte.

Der Prokurator führte noch einmal das Glas an den Mund. Dann reichte er es Harry. »Ich kann nicht mehr atmen.«

»Der Arzt kommt jeden Moment«, tröstete Harry.

»Mein Kopf, meine Brust …«

»Sprechen Sie lieber nicht.«

»Ich muss ... Ich will so viel sagen, dass ich es in der Zeit, die mir bleibt, nicht mehr schaffen werde. Ich will schreien, Junge ... Am liebsten möchte ich die ganze Stadt zusammenschreien, um es loszuwerden.«

»Was?«

»Diesen Teufel in mir ... Wo bleibt der Arzt, Harry? Wo ist dein Vater? Hol ihn her! Ich will mich bei ihm entschuldigen. Es ist alles nur meine Schuld. So bin ich. Morgen werde ich ihn wieder angreifen. Jetzt nicht. Mal so und mal so. Was ist das für eine Seele da drinnen?« Er schlug sich kraftlos gegen die Brust. »Christian ist mir davongelaufen. Weißt du, wohin er ist?«

»Nein«, log Harry, ohne dass es sein Gewissen belastete. Christian war nicht davongelaufen, sondern der Prokurator hatte ihn hinausgeworfen. Was das betraf, glaubte er eher seinem Freund als dessen schwierigem Vater.

Von der Haustür her drangen Stimmen in das Zimmer. Es war Doktor Wendel, der mit Peira und Samson durch den Flur kam. Harry stand auf und gab ihm die Hand. Der Doktor kniete sich neben den Kranken, fühlte dessen Puls und untersuchte die Augen. Dann öffnete er seine Tasche und holte das hölzerne Hörrohr hervor.

»Kommen Sie her, Heine!«, sagte Sethe über den Arzt hinweg. »Ich will mich bei Ihnen entschuldigen.«

»Nicht nötig«, antwortete Samson unberührt. Ihm war anzumerken, dass er nicht willens war, seine Wut so billig herzugeben. »Ich bin nicht der Haubock Ihrer Launen, mein Herr.«

Peira wollte ihn beschwichtigen und feuerte einige Blicke ab, die jedoch ins Leere gingen.

»Ist nicht alles doch gut ausgegangen?«, fragte sie behutsam.

»Wie kommst du darauf, Betty, dass hier etwas gut ausgegangen sei? Ich verstehe dich nicht.« Samsons Miene blieb gefroren.

Harry war zerrissen, wessen Partei er ergreifen sollte. Natürlich schien es vernünftig, den ohnehin absurden Streit an dieser Stelle beizulegen und einander die Hände zu reichen. Andererseits wusste er, wie wankelmütig Sethe war, und *gut ausgegangen*, da hatte der Vater wirklich Recht, war noch gar nichts.

Samson drehte sich um und verließ das Zimmer. Harry stand auf und lief ihm nach. Im Wohnzimmer schloss er hinter sich die Tür.

»Vater, ich verstehe sehr gut. Herr Sethe ist unhöflich, misstrauisch und uneinsichtig. Er ist im Unrecht. Trotzdem sollten wir ihn nicht noch wilder machen, als er sowieso ist. Christian ist von zu Hause fort, ganz aus Verzweiflung. Er versteckt sich bei seiner Tante in Neuß. Ich sage dir die Wahrheit: Er denkt, sein Vater hat irgendetwas mit dem Mord an Josefa Edel zu tun. Es bricht ihm das Herz, und ich will ihm helfen. Ich meine, das zu Hause, die Eltern, wenn man darin sein Vertrauen verliert …« Er war ganz außer Atem gekommen und holte Luft. Samson starrte aus dem Fenster und schwieg.

Harry suchte nach Worten, die nicht so altklug und übergescheit klangen. »Es wäre doch schön, wenn es uns gelingen könnte, gemeinsam zu handeln. Ich meine, gegen diesen Gotthilf Scherz, den wir in Neuß ausfindig gemacht haben. Zugegeben, ohne euch etwas gesagt zu haben … Wofür ich mich entschuldigen möchte, Vater.« Er legte eine Pause ein.

Ihm war bei all dem gar nicht wohl. Wenn sich Samson jetzt quer legte, ihm Stubenarrest erteilte und verbot, noch einmal nach Neuß zu laufen, dann war Christian auf sich gestellt, und er, Harry, würde mit Amalie erst recht heimlich über den Rhein fahren müssen, auf jedes Risiko hin … »Sag jetzt bitte nicht, dass wir nicht wussten, was wir taten, Vater, oder dass wir die Gefahren einer solchen Mörderjagd nicht hätten einschätzen können. Wer kann das schon?«

Samsons Züge hatten sich entspannte. »Wenn sich sonst niemand berufen fühlt«, sagte er, »werdet ihr es tun müssen, das verstehe ich. Mir erscheint das alles nur sehr fremd, erschreckend, gefährlich und, wenn ich ehrlich sein soll, auch aussichtslos und erniedrigend. Ich werde jetzt dort hinausgehen und Sethe die Hand geben. Das ist dein Einfluss, Harry. Ich bin sehr stolz auf dich.« Er nahm Harry in den Arm.

Harry fühlte die festen Arme des Vaters um sich, wie eine wohltuende, wärmende Decke. Er selbst hob kaum die Arme, er hatte keine Kraft. Er war dankbar, fühlte sich erleichtert und auf eine seltsame Weise satt und voller Frieden. Christian, der Prokurator, Neuß, Amalie, Hamburg … das alles lärmte mit einem Mal nur noch aus der Ferne, gedämpft und ohne Macht über ihn und sein Schicksal.

Samson ließ ihn los, küsste ihn und ging zur Tür.

Harry folgte ihm. Er sah, wie der Vater durch den Flur in das Kontor ging, wo er stehen blieb und eine Weile schweigend zusah, wie Doktor Wendel seine Tasche packte, während der Patient, noch immer am Boden liegend, mit kindlich klingender Stimme über den Einzug des Alters lamentierte, die Zunahme von Krankheiten, den Verlust der Sehkraft, des Gehörs, der Ausdauer und Körperkraft im Allgemeinen und *im Besonderen* (»...wenn Sie verstehen, was ich meine, Doktor ...«). Wendel verabschiedete sich und verließ das Zimmer. Und Samson beugte sich zu Sethe herunter, der ihn überrascht, beinah erschreckt anstarrte, nahm dessen Hand und sagte mit ernster Melodie: »Gott weiß, wenn wir hienieden nicht einander verzeihen lernen, wir auch in seinem Himmelreich nicht Frieden halten.«

Der Prokurator machte den Mund auf und lallte etwas. Harry war im Flur stehen geblieben. Er empfand Stolz, Hoffnung, Mitgefühl. Peira war an Samsons Seite getreten und legte ihm ihre Hand auf die Schulter. Einen Moment lang, während Doktor Wendel das Haus verließ, drang Wagengerassel in den Flur. Dann fiel die Tür zu und es wurde still.

»Es ... es klingelt und schellt«, sagte Sethe plötzlich und blickte verwundert um sich.

»Ich höre nichts«, antwortete Samson und hielt die Hand des Kranken weiter fest.

»Es schellt und bimmelt und hört nicht mehr auf«, wiederholte Sethe. »Wo ist der Arzt? Hat er mich aufgegeben?«

»Er ist nach Hause. Sie sind gesund, Sethe«, erklärte Samson.

Sethe versuchte sich aufzurichten. Es gelang ihm nicht. Die kleinste Bewegung schien ihm die größte Mühe zu bereiten. »Heine, was ist? So sagen Sie doch etwas!«

»Wendel ist weg, Herr Prokurator. Wir werden Hilfe holen, damit man Sie nach Hause bringt.«

»Was ist das für ein Lärm?« Der Kranke ließ erschöpft die Arme fallen und sagte laut: »Haben Sie zu mir gesprochen?«

»Aber ja, Sethe!«, rief Samson.

»Was?«

»Er ist taub geworden«, sagte Peira.

»So reden Sie doch, Heine«, bettelte der Prokurator.

»Können Sie mich hören?«, schrie Samson.

Sethe hatte ihm auf den Mund gesehen und wurde noch bleicher. »Es klingelt nur dauernd … Es soll aufhören.« Er hob langsam die Hände, es schien ihn alle Kraft zu kosten, die er hatte. Er presste die Hände gegen die Ohren, schlug darauf, bohrte, schüttelte den Kopf. »Was ist denn passiert? Wo ist Wendel?« Er lag da, mit aufgerissenen Augen, vom hängenden Mundwinkel rann ihm der Speichel über das Kinn herab.

»Charlotte!«, rief Peira und wartete, bis die Tochter durch den Flur kam. »Lauf Doktor Wendel nach und sag ihm, er möchte noch einmal zurückkommen. Und dass den Prokurator Sethe vor unsern Augen der Schlag getroffen hat.«

Fünfzehntes Kapitel

Peira war natürlich nicht einverstanden! Dass sie Harry und Amalie dennoch gehen ließ, wurde ihr von beiden hoch angerechnet. Am anderen Morgen begleitete sie sie bis vor die fliegende Brücke, warb um Verständnis für ihre Angst; die Straßen seien nicht sicher, und zwei junge Menschen alleine im fernen Neuß …

Harry beruhigte sie. Christian wohne bei einer Tante, einer sehr zuverlässigen Dame, deren Haus wuchtig und uneinnehmbar inmitten der kleinen Stadt stehe. Der Onkel sei ein Wunder von Mensch, zweifellos sehr sonderbar, aber großherzig, hilfreich und wissend … »Kein geläufiges Wissen, Mutter … Wie soll ich es sagen? Er ist scharfsichtig und verfügt über ein wendiges Lebenswissen, das Mauern durchdringt, in fremde Seelen sehen und über Zeiten springen kann.«

»Ja«, schimpfte Peira freundlich. »Mach mir nur noch mehr Angst mit so etwas, damit ich gar keine Ruhe mehr finde!« Dann nahm sie Abschied. »Ihr kommt mit der letzten Ponte vor Dunkelheit nach Hause, versprichst du mir das, Harry? Du musst es mir schwören.«

Harry nahm seine Mutter in den Arm und schwor.

Die Reise über den Strom war wie ein ganzes Leben. Die Geburt des Ablegens warf Menschen, Tiere und Wagen in das flüchtige, unstete Element. Die Sonne gaukelte helle Farben vor. Der Wind verwehte die erste Sicherheit. Das Greinen und Zetern des armstarken Reeps, an dem die Plattform hing, erzählte von der Zukunft, von der Mühsal der Arbeit, von den Schmerzen der Liebe und vom Schauer des Todes …

Amalie stampfte mit den Füßen auf und wollte die Ponte aus eigener Kraft hin und her bewegen. Bis plötzlich, in der Mitte des Flusses, das Reep aus den Wellen in den Himmel peitschte und mit furchtbarer Wucht wieder auf das Wasser schlug, als hätte ein tauchendes Ungeheuer es für ein Springspiel entdeckt. Die Plattform ächzte, zuckte, trudelte. Amalie warf sich Harry in die Arme. Der hohe Galgen der Ponte zitterte riesenhaft. Noch ein Schlag aus dem Wasser und wieder hinein, und noch einer, und jedes Mal tat Amalie einen leisen Schrei, den nur Harry hören konnte, und drückte sich fester an ihn, der sie wärmte und hielt.

»Was denkst du?«, fragte sie.

»Nichts. Etwas Trauriges. Ich will es nicht sagen. Schau nicht zurück. Sieh nach vorne! Bitte.«

Wieder war das andere Ufer seltsam plötzlich erreicht worden, als wären Zeit und Strecke wie Schnee geschmolzen. Die vielen Menschen, die Wagen, das Gewimmel. Harry und Amalie gingen auf das Zollhaus zu. Die Leere der Felder im Westen. Und dort im Süden wieder die kleine, dunkle, alte Stadt.

Über den Häusern von Neuß hing ein grauer, bedrohlicher Himmel. Die Gassen, selbst der schnurgerade Büchel zwischen Nieder- und Obertor, waren menschenleer und wurden nur von einem kalten Wind durchzogen, der durch die Kleidung in die Haut eindrang. Die meisten Fensterläden waren zugezogen, in den Höfen knarrten die Torflügel, und sogar das Storchennest auf dem Dach der Stadtwaage war leer. Wo vergangene Woche die freundlichen Palmwedel und Bananenblätter des Zitronenhändlers an der warmen Hauswand gestanden hatte, kauerte jetzt ein struppiger Hund und wurde, während Harry und Amalie näher kamen, zunehmend aufmerksamer, stand schließlich auf und trottete davon. Die Fachwerkfassade des Gill'schen Hauses erschien noch maroder, aussätziger als vor ein paar Tagen, und als Tante Tara die Tür öffnete, hielt sie ein Tuch vor den Mund und fröstelte; man sah ihr an, dass sie ziemlich hohes Fieber hatte.

»Die Männer sind nicht da«, sagte sie und brachte erst dann einen heiseren Gruß hervor. »Leberecht hat unseren Krieg gewonnen, ich habe mich ergeben. Kommt bitte herein. Wir haben uns vier Tage und Nächte lang gestritten, nachdem ihr fort wart. Er ist doch stärker, als ich dachte. Jetzt hat er mit Christian einen Plan ausgeheckt. Sie wollen einen Mörder zur Strecke bringen. Ich kümmere mich nicht darum. Ich glaube ihm kein Wort mehr. Er will den Mörder aus der Luft angreifen. Wollt ihr Milch mit Schokolade? Wer ist hier verrückt? Sag's mir, Harry? Er oder ich?«

Sie folgten Tara in die Küche.

»Sie gehört ins Bett«, flüsterte Amalie Harry zu. Er nickte und zuckte mit den Schultern.

»Möchten Sie sich nicht ein wenig hinlegen, Frau Gill?«, fragte Amalie laut. »Ich mache Ihnen eine Tasse Tee, und Sie sagen mir, was in der Küche noch so gemacht werden muss. Vielleicht schlafen Sie ein wenig. Ich bin sicher, es würde Ihnen gut bekommen.«

Tara setzte sich. »Das würdest du tun?... Wo hast du diesen Engel her, Harry Heine?«

»Amalie ist meine Hamburger Kusine und für ein paar

Tage bei uns zu Gast. Wenn sie Ihnen den Tee bringt, müssen Sie sie bitten, ein paar Geschichten zu erzählen. Sie hat Phantasie …«

Während Amalie den Tee machte, fragte Harry die Tante wegen Christian und Leberecht aus. Ihr Mann, so erzählte sie, habe in den vergangenen Tagen an einer sonderbaren Karte gezeichnet, die das »Berghäuschen« und den Gutshof Gnadental zeige, ein Gebiet im Süden der Stadt, das von der Erft durchflossen wird, einem Fluss, dessen Quelle in der Eifel liegt und der bei Grimlinghausen in den Rhein mündet. »… genau dort, wo die vielen Kinder am *Grand Canal* arbeiten.«

»Kinder?«

»Waisenkinder, die dort ihr tägliches Brot verdienen. Eine lobenswerte Sache. Trotzdem gibt es viel Streit deswegen. Die Neußer haben Angst, dass der Kanal den Verkehr an der Stadt vorbeileitet. Der Kanalbau hat einmal die Stadt ernährt. Als die Franzosen gingen, war Schluss damit. Die Ringöfen wurden kalt. Da haben ja nicht bloß ein paar Arbeiter die Erde ausgehoben und die Leinpfade aufgeschüttet. Jeden Tag wurde Tonerde aus der Eifel herangefahren und Holz für die Öfen, in denen die Steine für die Wehre und Schleusen gebrannt werden mussten. Ich glaube, es waren hier letztlich tausend Menschen mit dem Kanalbau beschäftigt. Viele zogen fort, und die hier blieben, waren ohne Arbeit. Wir hatten selber ein Zimmer vermietet, an einen französischen Ingenieur. Er hieß Luc, ein sehr netter junger Mann, der mir einmal zu Weihnachten, als er aus Lille zurückkehrte, wo er zu Hause war, eine hübsche Tischdecke mitgebracht hat.« Sie ging keuchend ins Nebenzimmer. »Warte, ich zeige sie dir!«

»Nein, Frau Gill«, rief Harry. »Es wäre mir lieber, Sie würden sofort ins Bett gehen. Sie haben Fieber.«

Sie rumorte in einem der Schränke. »Gleich, gleich …«

Als Harry nach einer Weile das Schlafzimmer betrat, schaute der Kopf der Tante wie ein grauer Pilz aus dem Plumeau hervor. Quer über dem Bett lag eine mit Frühlingsblumen bestickte Leinendecke.

»Leberecht war eifersüchtig wie ein Sizilianer.« Sie lachte. »Er ließ mich nicht mehr aus den Augen. Aber er hatte gar keinen Grund zur Eifersucht. Ich habe auf mich aufgepasst. Obwohl es manche schwache Minute gab, in der ich mich auch hätte vergessen können …« Sie träumte einen Moment. »Dabei mochte Leberecht meinen Luc ebenso wie ich. Er nannte ihn *Monsieur Tracé*, weil Luc mit den Vermessungen an der Kanaltrasse betraut war und dieses Wort beständig im Munde führte. Es war herrlich, ihm zuzusehen, wenn er von seiner Arbeit sprach. Er war furchtbar stolz auf sein Werk. Nicht dass er der Erfinder des Ganzen gewesen wäre. Aber er ging in seiner Arbeit wirklich auf und brütete bis tief in die Nacht über seinen Skizzen, Plänen und Berechnungen.«

Amalie brachte den Tee. Die Tante bedankte sich umständlich und trank.

»Dann kam Luc eines Tages totenbleich nach Hause, setzte sich wortlos drüben in die Küche und fing an zu weinen. Ich dachte schon, seine Mutter oder sein Vater wäre gestorben. Er war nämlich nicht verheiratet. Es dauerte lange, bis er vernünftig sprechen konnte. Er schluchzte nur dauernd und schnäuzte sich die Nase. Und dann rief er plötzlich: *Madame Gill, O Madame Gill, le canal est mort, le Grand Canal est mort …* Ich höre es immer noch. Er tat mir so unendlich Leid.« Sie stellte die Tasse weg und wischte sich die Augen. »Ein paar Wochen später war er fort, und das Zimmer blieb leer. Manchmal gehe ich nach oben und sitze an seinem Tisch …«

Amalie setzte sich auf den Bettrand und strich Tara über das Haar.

»Was ist das für eine Mördergeschichte, Harry?«, fragte die Tante. »Muss ich wieder Angst haben? Wenn sich Leberecht etwas in den Kopf setzt, hält ihn so schnell niemand mehr auf. Einen Mörder aus der Luft angreifen – was bedeutet das?«

»Ich weiß es nicht, Frau Gill«, gab Harry zu. »Der Mann, den wir suchen, heißt Gotthilf Scherz. Kennen Sie ihn?«

»Ihm gehören ein paar Mühlen, er ist Ratsherr und kümmert sich sehr um die Waisenkinder der Stadt.«

»Und Christian hat nicht gesagt, wohin sie gehen wollen?«

»Kein Wort.«

»Ich weiß vielleicht, wo sie hin sind«, sagte Harry. »Sobald ich etwas herausbekommen habe, sage ich Ihnen Bescheid. Schlafen Sie ein wenig. Es wird Ihnen gut tun. Amalie bleibt hier …«

Er hatte die Kusine immer wieder beobachten und ansehen müssen, wie unter Zwang. Sie war klug, geschickt, empfindsam und schön. Er hatte überhaupt keine Lust, zu gehen und die beiden Männer zu suchen. Am liebsten würde er Amalie an die Hand nehmen und sie nach vorn ins Wohnzimmer führen, wo das Feuer brannte. Er würde einfach mit ihr am Fenster sitzen und ein wenig plaudern, Tee oder Schokolade trinken und ihr Einlass in sein Herz gewähren, in diesen tiefsten Schutzraum, den er für gewöhnlich streng verschlossen hielt, mit sehr wenigen Ausnahmen. Christian erhielt Zugang, und auch er nur selten und beileibe nicht für jede Regung. Da hinein würde er Amalie schauen lassen, seine Göttin, seinen Kristall, der dort auf dem Bett der Tante saß, kühl, durchsichtig, wertvoll, klar und makellos …

Er ging wortlos in den Flur und zog seinen Gehrock an. Er rief einen Gruß in das Zimmer zurück, riss sich unter Schmerzen los, schritt gegen seinen Willen zur Tür und verließ das Haus.

Em Bronne brannten ein paar Kerzen und ein rußendes, stinkendes Öllicht. Etwa ein Dutzend Gesichter blickten Harry an, als er zu der niedrigen Tür hereinkam. Der Wirt erkannte ihn sofort.

»Gut, dass Sie kommen, mein Herr«, sagte er und schälte seinen Buckel aus der Krümmung des Gewölbes. »Ihr Freund und Leberecht sind vor zwei Stunden auf Jagd gegangen. Die beiden haben Mut, sich so mir nichts dir nichts auf den Weg zum Berghäuschen zu machen … Ich würde mir das nicht zutrauen.« Er lachte und heischte nach Zustimmung unter den Gästen.

»So ohne eine Waffe …« Er stellte vor Harry einen Krug Bier auf die Theke. »Dieses Bier geht auch auf Leberechts Rechnung. Genau wie das letzte Mal. Sie sind losgezogen, um Scherz zu jagen, und bei Gott, mir wäre es lieber, sie wären auf dem Weg, ein Rudel Wölfe zu fangen.«

»Sie sind in südliche Richtung los?«, fragte Harry frierend.

Der Wirt nickte. »Sie gehen nicht gleich zum Berghäuschen. Ganz sicher nicht. Zuerst nach Grimlinghausen, zum Schoberhof an der Erft. Sie brauchen nur den Kanal entlangzugehen, bis zum neuen Hafen, dort, wo die Kinder arbeiten. Rechts führt eine Brücke über die Erft, ziemlich genau auf den Hof zu. Uri kennt sich aus …« Der Wirt zeigte zur Tür, und Harry drehte sich um. Im Dunkeln stand ein Mann mittleren Alters, der einen langen Filzmantel trug und einen Hut mit breiter, gewellter Krempe. Sein Gesicht war groß und vernarbt wie der Mond.

»Leberecht lässt ausrichten«, ergänzte der Wirt, »Sie möchten nicht ohne Uri losgehen. Zu gefährlich.«

In Harry rührten sich Zweifel. »Leberecht Gill weiß gar nicht, dass ich in Neuß bin.«

»Mag sein, mag sein … Ausrichten lässt er es trotzdem.« Der Wirt trat einen Schritt zurück und verschmolz in der Dunkelheit mit dem Backsteingewölbe. »Glauben Sie mir nicht, Herr?«

»Doch.«

»Ihr Freund trug eine Kiepe auf dem Rücken. Ich weiß nicht, was drin war. Wenn Sie meinen Rat hören wollen, gehen Sie zuerst nach Grimlinghausen. Uri hat ein Schweizer Pistol, mit dem man jeden Menschen totschießen kann.«

Der Mann im Mantel lächelte flüchtig. Harry fühlte sich müde. Er trat vom Tresen zurück und stützte die Hände auf einen der Tische, um Halt zu finden. Der Feind war also übermächtig. Christian und Leberecht waren ihm hilflos ausgeliefert, und ausgerechnet er, Harry Heine, sollte sie retten.

»Warum haben Sie Leberecht nicht gewarnt? Weiß er nicht, wie gefährlich Gotthilf Scherz ist?«

»Er hat hier vor uns eine Landkarte auf den Tisch gelegt. Sie war voller dünner Linien …«

»Und Sie haben ihn ausgelacht, weil er anhand dieser Karte aus der Luft angreifen wollte.«

»Wenn Sie es schon wissen, warum sind Sie überrascht und fragen?« Der Wirt blickte Harry stechend an. »Uri bringt Sie hin, und entweder finden Sie Ihren Freund oder nicht.«

Harry richtete sich auf. Die Müdigkeit ließ sich nicht abschütteln. Er nickte dem Mann namens Uri zu und wandte sich zur Tür.

»Wir gehen«, sagte der Pistolträger. Harry schüttelte sich. Er hörte den Gruß des Wirts und schritt dem fremden, etwas unheimlichen Manne nach, die Treppe nach oben. Die Gewölbetür quietschte und fiel in das große, grobe Schloss.

In der Gasse nahm sich Uri sofort einen ärgerlichen Vorsprung. Harry hatte Schwierigkeiten, mit ihm Schritt zu halten. Sie folgten der Oberstraße bis zum Stadttor und gingen weiter geradeaus, bis sie auf die Kanaltrasse stießen. Sie gingen auf dem nördlichen Leinpfad nach Osten. Rechts von ihnen klaffte die leere Rinne. Sie teilte die Felder und Gärten wie ein schnurgerader, stumpfer Schnitt durch die Erde. Weit voraus, fahl und verschwommen, ragten die Dächer und Baumkronen von Grimlinghausen auf. Links, zwischen Rhein und Kanaltrasse, lagen die erkalteten Ringöfen. Ein feiner Nieselregen fiel herab. Das Gras und die Erde schimmerten bleiern von der schweren Feuchtigkeit. Der flache Boden der Rinne war von Pfützen und Maulwurfshügeln übersät, dazwischen strebten die noch kahlen Zweige junger Sträucher empor. Der Lehm klebte an Harrys Schuhen. Immer wieder musste er die Erde mit einem Stock von den Sohlen schaben. Uri trug schwere, hohe Stiefel und schenkte dem Lehm keine Beachtung. Ab und zu blieb er stehen und schaute sich aufmerksam um … Harry tat gleichgültig. Das Gehen strengte ihn an. Seine Kraft, sein Willen sickerten aus ihm heraus wie Wasser aus einem undichten Fass. Er spürte, wie er von Augenblick zu Augenblick leichter wurde. *Leberecht griff aus der Luft an*! Das war natürlich nur eine Floskel, ein Bild … Was sonst? Wunderlich war jedoch, dass Christian darauf hereingefallen war.

Uri war abermals stehen geblieben und spähte über die leeren Felder. »Haben Sie schon mal ein Schweizer Pistol in der Hand gehalten?« Er holte eine große Ledertasche unter seinem Mantel hervor, öffnete eine Klappe und zog das Pistol heraus.

Es war ein kurzes, schwer und gefährlich wirkendes Rohr mit gebogenem Holzgriff und verziertem Schloss und Hahn. Uri wischte den Regen ab. »Damit zerschieße ich Türen und Lehmwände.« Er drehte es stolz hin und her und reichte es Harry, der es in die Hand nahm und sich erschreckte, so schwer war es.

»Wir gehen«, sagte Uri und lief weiter. Es war die Stimme eines Feldherrn, eine Art Zauberformel vielleicht, mit der man die Angst aus dem Herzen jagt. Harry hob das Pistol und zielte auf einen Busch auf der anderen Seite des Kanals. Seine Hände zitterten. Er zwang sich zur Ruhe, kam sich überraschend männlich vor, beinah ein wenig *kaiserlich, welthistorisch* …

»Wir gehen!«, äffte er Uri leise nach, der sich wieder seinen Vorsprung verschafft hatte und keinen Gedanken darauf zu verschwenden schien, ob Harry ihm folgte oder nicht. Einen Moment lang konnte sich Harry nicht bewegen. Die Zeit floss an ihm vorüber wie die glühende Lava auf einem der alten Stiche von Grimaldi oder Bourdon, auf denen in der Ferne ein Vulkan durch die Wolken brach und einen riesigen Pilz aus schwarzer Asche in den höchsten Himmel spie.

»Was sehen Sie dort?«, fragte Uri ernst und zeigte die Trasse entlang.

Harry ließ das Pistol sinken und holte auf.

»Den *Grand Canal du Nord*«, rief er.

»Richtig ... und doch falsch«, entgegnete der Mann. Harry sah ihn verwundert an und wollte ihm das Pistol zurückgeben. Uri schüttelte den Kopf. »Ich möchte, dass Sie einmal damit schießen.«

»O nein.«

»O doch, mein Herr ... Selbstverständlich ist es der *Grand Canal*. Aber er ist nicht fertig. Die Arbeiten daran wurden vor sechs Jahren eingestellt. Ich selbst habe hier mein Brot verdient. Eines Tages war Schluss damit, und wir standen auf der Straße. Was Sie also sehen, ist zweifellos der Kanal, aber ganz sicher nicht der *Grand Canal du Nord*, der hier entstehen sollte ...«

Harry musste an Luc, *Monsieur Tracé,* und Tante Tara denken. Die Waffe in seinen Händen wurde immer schwerer.

»Das bedeutet«, fuhr Uri fort, »dass wir Dinge sehen, die durchaus nicht immer das sind, wofür wir sie halten ...«

»Ich möchte nicht schießen«, sagte Harry.

»Es wäre aber besser, wenn Sie es lernten.« Uri kam auf ihn zu, nahm das Pistol und öffnete das Schloss. »Ich zeige es Ihnen. Es ist kinderleicht ...« Er holte seine Pulverbüchse hervor und eine Kugel und lud nach allen Regeln der Kunst. Dann legte er Harry die Waffe in die Hand, hob sie gemeinsam mit ihm hoch und zielte mit ihm auf einen Karnickelbau am Trassengrund.

»Schießen Sie, Herr!« Uri ließ ihn los und trat ein Stück zurück.

Harry fühlte, wie ihm trotz der Kälte der Schweiß auf die Stirn trat. »Geht es überhaupt bei Regen?«

»Es geht immer. Zielen Sie! … Jetzt! … Feuer!«

Harry tat nichts. Er schämte sich. Das Pistol zog seinen ausgestreckten Arm zur Erde wie ein Amboss. Er musste ihn mit der anderen Hand stützen.

»Schwächling«, murmelte Uri. Und er hatte ja Recht!… Harry schloss die Augen und löste den Zündhahn. Im selben Moment krachte es furchtbar, der Kopf wollte ihm zerplatzen, der rechte Arm wurde ihm wie mit einem Hammer in seine Schulter getrieben. Er fiel rückwärts, stolperte und konnte sich gerade noch fangen. Als er die Augen öffnete, stand er in einer Qualmwolke. Die Schulter schmerzte. Die Waffe pendelte an seinem taub gewordenen Arm wie ein Totschläger. Der Qualm verzog sich. Dort, wo die Kugel eingeschlagen hatte, befand sich ein kopfgroßes Loch im Boden. Dicht daneben lag der Karnickelbau. Drei der Tiere kamen plötzlich ans Licht, sprangen die Böschung hoch und flohen in die Felder.

»Man schießt aber nicht auf Menschen«, sagte Uri von der Seite und trat in Harrys Blickfeld. Er nahm ihm das Pistol aus der zitternden Hand. »Obwohl ich es schon einmal getan habe. Weil ich musste. Es ist nicht schön.« Er reinigte das Schloss, steckte die Waffe in die Ledertasche zurück und machte seinen Mantel zu.

Wieder ließ er Harry hinter sich stehen und ging auf das Ende der Trasse zu. Dort, kurz vor dem Dorf Grimlinghausen, war jetzt eine dunkle Erhebung zu erkennen. Punkte bewegten sich darauf. Von oben nach unten, in Reihen, kreuz und quer, wie Ameisen. Die ganze Erhebung bestand aus wandernden Punkten.

Harry nahm alle verbliebene Kraft zusammen und lief los. Ihm war schwindelig. Er hatte noch den stechenden Geruch des Pulvers in der Nase. Seine Ohren heulten. Die Schulter wollte sich vom Rücken lösen wie ein zu lange gekochtes Hühnerbein.

»Bitte, warten Sie, Herr Uri! Ich kann nicht so schnell!«

Uri wurde etwas langsamer.

»Ich danke Ihnen, dass Sie mich unterrichtet haben. Man weiß nie, wozu man es eines Tages braucht.«

Der Pistolschütz blieb endlich stehen. Er wartete, bis Harry ein paar Schritte näher gekommen war. Dann sagte er: »Ich muss Sie warnen. Denken Sie an den Kanal! Da liegt er und ist es eigentlich doch nicht …«

»Eigentlich«, echote Harry schwach, eher zu sich selbst. »Etwas scheint so oder so, und eigentlich ist es dann ganz anders. Das meinen Sie doch, oder?«

Uri schenkte ihm einen mitleidigen Blick. »Genau das meine ich. Und bitte, verurteilen Sie nicht gleich alles, nur weil es am Ende nicht ist, was Sie meinten.«

»Am Ende?«

»Am Ende«, bestätigte Uri und ging weiter.

Die wandernden Punkte wuchsen, lösten sich wieder von der Erhebung, auf der sie wimmelten, und wurden zu Menschen, zu Arbeitern. Der Regen hatte aufgehört. Jenseits der Trasse trieben Bauern ihre Pferde über den Acker. Ihr Rufen und Schnalzen wurde vom Wind in Stücke gerissen, ineinander geschoben und wieder zerfranst …

Die Baustelle am Ende der Kanaltrasse glich einem Amphitheater, dessen mittlere Ränge in die Tiefe getrieben wurden, während sich an den Seiten zwei Dämme bildeten, die die Wasserrinne wie Deiche von den umliegenden Feldern trennte. Die Arbeiter waren allesamt Kinder, genau wie Tara gesagt hatte. Es mochten achtzig oder hundert sein. Etwa ein Drittel von ihnen schlug unten mit breiten Hacken die Erde heraus und füllte sie in Kiepen, die von den anderen nach oben geschleppt und links und rechts auf den Leinpfaden ausgeleert wurden.

Der Himmel blendete wie ein tief hängendes, gebleichtes Tuch. Die Kanalrinne sah aus wie eine riesige Pflugfurche, die von Pferden so groß wie das Münster in die Erdhaut gezogen worden waren, getrieben von Bauern, die Goliaths Stiefel trugen. Harry wünschte sich, selbst ein solcher Riese zu sein, statt klein und schwach und diesem Uri gänzlich ausgeliefert, der umherschritt wie ein Edelmann. Die Angst hüpfte wieder herum, grinste hinter jedem Strauch hervor und schielte von unten aus den Pfützen herauf, die zu dutzenden wie große silberne Taler am Grund der Trasse lagen. Er konnte diesen Uri nicht durchschauen. Der Mann lief von ihm weg, blieb stehen, redete, wobei er die Arme und Hände um sich warf wie ein Italiener. Die Kinder beachteten ihn nicht. Harry erschrak, als er im Gewimmel Moritz Gumpertz sah, der sofort wieder in der Menge und im Einerlei der erdigen Farben verschwand. Ein Hund kam vom Dorf her und kläffte. Die Baustelle war nur ein paar Schritte von dem großen Hafenbecken entfernt, das hier in den Rheinauen lag. Das Dorf qualmte aus seinen Schornsteinen, duckte sich unter Kastanien und Linden. Uri zeigte auf ein langes rotes Ziegeldach und rief: »Die alte Schoberscheune, mein Herr. Der Rest des Hofs ist vor Jahren verbrannt. Dort schießen wir.«

»Wir schießen nicht«, antwortete Harry mit klopfendem Herzen.

Uri ging nicht darauf ein. »Die Kinder werden dafür sorgen, dass der Kanal im kommenden Jahr Wasser führt und befahrbar wird. Sie mögen es nicht glauben, aber wenn es je wahr wird, muss man hauptsächlich einem Mann Dank sagen: Gotthilf Scherz. Das hat Leberecht Gill bestimmt nicht erwähnt, oder?«

Harry blickte auf Grimlinghausens graue Silhouette und bemühte sich zu begreifen. Wozu waren sie hierher gelaufen? Galt es, Christian und Leberecht aus irgendeinem Dilemma zu befreien (womöglich unter verheerendem Gebrauch des Schweizer Pistols)? Oder sollte Gotthilf Scherz, dem Beschützer dieser vielen rätselhaft emsigen, eltern- und glücklosen Kinderchen, ein Dankesorden an die Brust geheftet werden? Der Köter aus dem Dorf schnüffelte sich bis an Uris Stiefel heran, dann blickte er an dem Mann empor und zog den Schwanz ein.

»Schießen ist zu gefährlich«, erklärte Harry. »Außerdem ist mindestens eines dieser Kinder keine Waise.«

»Ich habe doch bereits erklärt, dass wir nicht auf Menschen schießen werden«, sagte Uri. »Warum sind Sie so misstrauisch? Haben Sie Angst?«

»Ja«, antwortete Harry.

»Das dachte ich mir. Und weil Sie Angst haben, legen Sie getrost alle Verantwortung auf meine Schultern. So ist es doch, oder?«

Harry wich Uris Blick aus. Dieser Mann war ein Aal. Sie gingen an der Baustelle vorbei auf die Erftbrücke zu, über die man in das Dorf gelangte. Harry schwieg. Uri hatte wieder für seinen Vorsprung gesorgt. Sie kamen an die Brücke, deren Rücken sich krumm über den Fluss bog.

»Herr Uri!«, rief Harry und eilte ihm nach.

Uri blieb stehen und wartete. Als Harry ihn erreicht hatte, sagte er keuchend: »Wir werden verhandeln. Das ist Politik. Politik bewegt die ganze Welt weiter, dann wird sie auch ein Städtchen wie Neuß ein Stück vorwärts bewegen.«

»Gotthilf Scherz wird nicht verhandeln wollen.«

»Dann zwingen wir ihn dazu«, antwortete Harry und blickte sich um. Am liebsten wäre er jetzt einfach davongelaufen, aus zu mächtig gewordener Angst. Einfach über die Felder davon. Oder den Rhein entlang.

Uri sah ihn fragend an, wechselte den Ausdruck dann wieder ins Mitleidige, rätselhaft Edelmännische, das so gar nicht zu ihm passte (außer in manchen Momenten, vielleicht wegen des langen Mantels und der hohen, fliehenden Stirn). Er trat mit seinen Stiefeln ungeduldig auf der Stelle.

»Einmal rief mich ein Pfaffe und bat, dass ich ihm die Tür zu seiner Krypta aufschieße. Ich tat es, und er nahm mir sofort die Beichte ab. Man kann ja nie wissen …« Er betrat die Brücke. »Mein Herr …«

»Ja?«

»Ich muss Ihnen etwas beichten.« Sie blieben wieder stehen. Uri oben auf dem Brückenbuckel, Harry vor der schmalen Rampe.

»Ich bin es nicht. Ich heiße nicht Uri. Das ist ein ganz anderer. Ich schäme mich, mein Herr. Von Herzen. Aber es ist, wie es ist.«

Mit einem Schlag hatte Harry die Orientierung wieder gefunden. Die Müdigkeit, die sich die ganze Zeit über an ihn geklammert hatte, fiel ins nasse Gras. Der Mann im Mantel stand mit einem Mal krumm und eingesunken da, blickte mit rotem Gesicht von der Brücke herab und zuckte mit den Schultern.

»Wir gehen«, sagte er, diesmal zaghaft, und klopfte gegen den Mantel, dorthin, wo das Pistol in seiner Ledertasche steckte.

An Flucht war nun nicht mehr zu denken. Wenigstens war nun klargestellt, wer Täter und wer Opfer war. Der Mann, der also nicht Uri hieß, ging wieder voraus, und Harry folgte ihm. Die Scheune lag hinter einer Hecke. Die anderen Gebäude des Hofs, bis auf ein niedriges Gesindehaus, blickten mit toten, ausgebrannten Fensteraugen über den Fluss.

Plötzlich blieb der Mann stehen und drehte sich um. »Jetzt verabscheuen Sie mich. Dabei bin ich ein guter Mensch, das müssen Sie mir glauben. Sie sind ein Herr aus gutem Haus und haben gelernt, sich moralisch zu verhalten. Aber auch ich weiß, was ich tue …« Er ging ein Stück weiter. »Ich habe nur einmal einen Menschen getötet, das stimmt. Es war ein Versehen. Ich schwöre es. Ich bin weder Richter noch Henker, das will ich nicht sein …« Er zögerte wieder.

»Welchen Weg gehen wir?«, fragte Harry.

»Den zur Hölle wohl, Herr. Wo es brennt und glüht … Ich denke oft an den, den ich zerschossen habe. Er war ein lustiger junger Bursche mit einer Singstimme. Er war ein Bote im Rathaus und trug die Briefe durch die Stadt. Ich kannte ihn vom Sehen.«

Harry war bis auf seine Höhe herangekommen. Sie gingen nebeneinander den kurzen Weg von der Brücke zum Hof.

»Muss ich mich denn vor Ihnen fürchten?«

»Na ja«, sagte der Mann. Ihre Schritte machten Geräusche wie Flüstern, als redete die Erde oder das kurze, noch winterschwache Gras.

»Gotthilf Scherz hat vielleicht ein junges Mädchen getötet«, sagte Harry. Der Satz erstaunte ihn selbst.

Der Mann tat, als wäre nichts gesagt worden, führte eine Hand zum Mund und stieß einen Pfiff aus, der grell in die dunklen Ziegelwände des Hofs schnitt und zersprang. Dann sagte er: »Das weiß ich nicht, Herr.«

»Aber der Verdacht besteht. Mein Freund und ich haben in der Kammer des Mädchens etwas gefunden …«

»Das weiß ich alles nicht, Herr«, wiederholte der Mann und betrat jetzt den Hof, ging weiter auf das Scheunentor zu. »Sie warten hier.« Er drehte sich nicht einmal um, verschwand in dem Tor, das einen Spalt weit offen stand.

Harry gehorchte. Er wartete. Er hätte einfach fortgehen können, hätte sich nicht einmal beeilen müssen. Aber er blieb. Der Mann wusste, dass Harry darauf hoffte, in der Scheune die Freunde wieder zu finden … Er stand in seinem Bann, so einfach war das. Ihm war nicht einmal allzu bange dabei. Zwar war der Mann Pistolschütz von Beruf, bezahlter Wachhund eines Mörders und gerissener Psycholog und Bösewicht, aber er hatte durchaus auch etwas Morgenländerisches an sich, wie es schien. Er war ein Welt- und Herzenskenner, mit Waffen im Verstand und unterm Mantel, mit denen er präzis zu treffen wusste.

Harry ging auf dic Scheune zu. Niemand hatte ihn gerufen. Die Zeit dehnte sich. Er setzte Schritt vor Schritt. Aber es war, als bewegte sich der Boden unter ihm nach hinten, ohne dass er dem Tor auch nur einen Fuß weit näher kam. Er horchte. Es gab überall Geräusche, vom Dorf her, aus den Bäumen, vom Wasser der Erft ... Nur aus der Scheune drang kein Laut ins Freie. Er setzte weiter einen Fuß vor den anderen, es war, als lernte er laufen, als wisse er nicht, wie man es anstellt, ein paar Schritte zu tun. Dann überfiel ihn eine merkwürdige Empfindung. Ihm war, als würde er fallen, aber in dem Wissen, dass er sich nicht verletzen würde. Er spürte sich fallen, immerfort, wörtlich ins Bodenlose, und nur eines war ihm klar, dass dieser Fall ihn von allem trennte, von Peira, Samson, Charlotte, August, Maximilian, Christian und den Freunden, Josefa, Onkel Simon, Salomon und Amalie, ja sogar der Morgenländer verschwand irgendwo über ihm und wurde zur Vergangenheit, die elterliche Wohnung, der Garten, die Straße, der Kran, die Stadt, der Rhein ... Er fiel durch all diese Dinge und Menschen hindurch, verlor im Fallen die Welt, und das Verlieren würde nie ein Ende nehmen, außer dereinst im Tod vielleicht, und auch das schien ihm nicht einmal sicher, weil der Tod eigentlich ganz klein und fern und undeutlich war ... Sein Kopf stach, glühte, gleißte, als ob jemand in seinem Innern wie in einem leeren Kellergang schrie. Er selber hatte geschrien, dämmerte es ihm. Er lag am Boden, machte die Augen auf und sah nichts, als ob kein Licht mehr in der Welt war. Dann wurde es schwach hell, Umrisse zeigten sich. Er hob die Hände. Sie waren zu schwer. Das Haar, die Finger klebten. Blut! Er fühlte die Stelle am Kopf, wo er getroffen worden war. Da war eine Wunde. Er wehrte sich, er wollte gar nicht zu sich kommen. Hoch oben funkelte das Scheunendach. Das Wolkenlicht schneite durch hundert Ritzen herab.

Eine Weile blieb er reglos liegen. Er lag im Staub. An der

Wand lagen ein paar hölzerne Schaufeln und Dreschflegel. Vom Tor her kam ein Huhn auf ihn zu, blieb stehen, scharrte, gluckste und lief suchend weiter. Es war still. Draußen strich der Wind durch das Geäst der Bäume …

»Harry?«

Er fuhr herum. Es war Christian, der ebenfalls am Boden lag.

»Christian!«

»Da haben wir beide eins aufs Haupt bekommen … Wo ist er?«

»Uri?«

»Er heißt Micha«, sagte Christian angestrengt. »Er hat Onkel Leberecht mitgenommen. Leberecht ist ihre Geisel, damit wir schweigen. Und sie haben den silbernen Adlerkopf. Ich wollte ihn nicht bei Tante Tara lassen, es schien mir zu gefährlich.«

»Ohne den Stockknauf können wir sowieso nichts mehr tun. Wozu also Leberecht festhalten?«, fragte Harry, halb erschreckt, halb amüsiert.

Christian raffte sich hoch. »Arme Tante Tara …«

»Amalie ist bei ihr und pflegt sie. Sie hat Fieber.«

Das Huhn lief zwischen ihnen hindurch, pickte, beobachtete, gurrte.

»Die drei weisen Hühner von Grimlinghausen!«, rief Harry und stemmte sich ebenfalls hoch. »Dieses da ist wohl ein Agent, es behält uns genau im Auge.«

Sie standen auf, wankten. Wurden nachdenklich, weil ihnen dämmerte, wie sehr Leberecht sich in Gefahr befand und wie sehr diese Gefahr sie zwang still zu halten, gar nichts zu tun, außer nach Hause zu gehen. Sie waren entmachtet.

Gotthilf Scherz hatte sie gründlich in seiner Gewalt. Das Huhn fing plötzlich an zu flattern und rannte davon. Harry warf sich herum und sah noch, wie im Torspalt ein Schatten verschwand. Er ging leise hin, trat auf den leeren Hof hinaus. Das Huhn war ihm gefolgt, überholte ihn und stellte sich ihm in den Weg. Es legte den Kopf auf die Seite und richtete sein starres Auge auf ihn.

»Komm raus, Christian. Wir gehen, bevor hier alles noch verworrener wird. Dieses Huhn hat mir ins Herz gesehen und will, dass ich nachgebe.«

Christian kam ins Licht, blinzelte und tippte sich mit dem Finger an die Stirn.

»Es hat keinen Sinn«, sagte Harry. »Wir sind zu schwach. Die anderen sind zu stark, zu reich, zu schlau. Wir wetzen uns Hände und Füße ab und gewinnen nichts als einen Schlag auf den Kopf, damit wir endlich vernünftig und erwachsen werden …«

Christian schenkte ihm keine Beachtung. Er ging an ihm vorbei, über den Hof, auf die Erftbrücke zu, die hinter einer Wiese wie ein riesiger rotbrauner Käfer auf dem Boden lag.

»Warte!« Harry ging ihm rufend nach. »Unsere Väter haben sich mächtig gestritten. Um ein Haar hätten sie sich geschlagen. Dein Vater ist darüber krank geworden. Er hört nichts mehr und lässt den Mund hängen. Wir machen uns Sorgen. Du musst dich mit ihm versöhnen. Er ist unschuldig. Ich war nebenan im Tuchlager und habe den Streit gehört. Dein Vater ist verstockt, das ist alles. Ihr müsst euch wieder vertragen …«

Christian hatte fast die Brücke erreicht. Er drehte sich nicht um. Harry taten die Beine weh.

»Bleib stehen, Christian! Bitte!«

»Du weißt nicht, was du sagst«, rief Christian zurück. »Du kennst meinen Vater nicht.«

Sie überquerten die Erft und kamen an dem Kanalhafen vorbei. Die Kinder arbeiteten fast lautlos an ihrem Durchstich zum Hafen. Harry mochte nicht aufgeben, er suchte nach einer Antwort, ließ Christian seinen Vorsprung halten, wie vorhin den Pistolschützen, der vielleicht auch nur vor ihm weggelaufen und seiner Sache zu Anfang längst nicht so sicher gewesen war, wie er getan hatte mit seinen kantigen, herrischen Allüren. Im Vorbeigehen forschte er im Gewimmel der Baustelle und entdeckte Moritz wieder, den nun keiner mehr fragen würde, ob er aus freien Stücken hier war oder ...

»Christian! Warte! Wir nehmen den Moritz mit nach Hause.« Er rannte los, über das Feld auf die Baustelle zu. Christian hatte sich umgedreht und stand einen Augenblick unschlüssig da. Dann folgte er Harry. Einige Kinder waren stehen geblieben und gafften herüber. Moritz stand wie verzaubert neben seiner Kiepe. Harry erreichte ihn. Moritz ließ sich fangen und wegziehen. Zwei große Jungen sprangen heran und stellten sich Harry in den Weg. Christian warf sich mit seinem Gewicht von hinten gegen sie, schlug dem einen ins Gesicht, dem anderen in die Seite, dass er schreiend fortlief. Die anderen sahen teilnahmslos zu. Harry zog Moritz auf den Leinpfad. Weit vorne lag die Stadt. Christian wischte sich die Hände. Aus einem Busch erhob sich ein Schwarm Sperlinge und flog zischelnd über die leeren Auen des Rheins, der sich in seinem engen Kurvenbett wie eine bleierne Ringscheibe in ewiger Drehung um einen fernen unsichtbaren Mittelpunkt bewegte.

Sechzehntes Kapitel

Als Harry im Gill'schen Hause nach langem Zaudern und Suchen endlich den Mut und die richtigen Worte gefunden hatte, Tara Gill vom Schicksal ihres Mannes zu erzählen, schien sie viel gefasster, als er befürchtet hatte. Sie richtete sich in ihrem Bett auf, legte die Stirn in Falten und sagte: »Ja, das glaube ich. Meinem Leberecht war der Leichtsinn in die Wiege gelegt.«

Amalie nahm Taras fiebrige, rissige Hand und schien von der Hiobsbotschaft aufgewühlter zu sein als die Tante. »Das alles macht überhaupt keinen Sinn«, erklärte sie. »Die haben doch jetzt den Stockknauf! ... Aber die Frage nach dem Sinn ist wohl gerade nicht der Schlüssel, um Menschen wie diesen Pater Wunderscheit und Gottfried Scherz zu verstehen.«

»Gott*hilf*«, verbesserte Harry und erntete einen gefährlichen Blick, der ihn lehrte, wie gleichgültig es ist, welchen Namen der Teufel trägt.

»Entscheidend ist«, fügte Amalie hinzu, »dass ihr zwar hier seid, aber sich Herr Gill noch immer in Gefahr befindet.«

Harry nickte betroffen, knetete die Hände und bedauerte versponnen, nicht der Held zu sein, an den Amalie zweifellos dachte. »Hätten wir diesen Uri oder Micha vielleicht suchen und ihm nachrennen sollen, damit er uns totschießt?«, fragte er erregt.

»Ja«, antwortete Amalie erbarmungslos und strich der Tante mitfühlend über das Haar.

Moritz Gumpertz saß starr und blass auf einem Stuhl in der

Ecke des Schlafzimmers und trank einen Becher Milch. Er antwortete nicht, wenn man ihn ansprach, und rieb sich nur ab und zu die trockenen, traurigen, vom Schmutz verklebten Augen. Nicht einmal essen mochte er. Nur einmal, als Harry ihn fragte, ob er denn nicht froh sei, von der schrecklichen Baustelle fort zu sein, brachte er ein schwaches Nicken zustande, und in seinem fleckigen Gesicht wurde es für einen Moment ein wenig hell.

»Möchte jemand die Wahrheit hören?«, fragte die Tante aus ihrem Bett, als es schon später Nachmittag war und Harry daran dachte, dass sie sich bald auf den Heimweg machen mussten, um nicht die letzte Überfahrt zu verpassen. »Ich bin wieder gesund und stark! Und ich habe keine Angst mehr um meinen Leberecht …« Sie lachte angestrengt. »Amalie, liebes Kind, ich danke dir für deine Hilfe. Ich werde jetzt aus diesem Bett aufstehen …« Sie warf die Decke zurück und zog die dünnen, grauen Beine über die Kante. »Ich werde euch mal was erzählen … im Oktober des Jahres vierundneunzig …«

»O nein«, rief Amalie. »Das erlaube ich nicht. Sie sind krank.« Sie nahm die Decke und legte sie Tara über die Schultern.

»Vierundneunzig – da war noch niemand von uns geboren«, stellte Harry fest.

»Am dritten Tag dieses Monats marschierten die Franzosen in die Stadt. Und sie marschierten laut und fest, das kann ich euch sagen. Ich hatte Angst. Ich war zweiundzwanzig. Leberecht und ich waren schon sieben Jahre verheiratet und lebten hier im Haus mit seinen Eltern. Wir hatten vier Kinder …« Sie wurde nachdenklich. »Zwei lebten noch, Fritz und Magdalenchen. Sie leben immer noch, Gott sei Dank, und haben selber Kinder … Das war eine Zeit. Die Franzosen konnten singen und lachen. Aber zuerst hatte ich furchtbare Angst. Und kein Wunder. Sie waren nicht zimperlich. Hier nebenan riss eine Frau ein Fenster auf und schrie, dass sie allesamt *cochon* seien, Schweine. Das brachte ihr kein Glück. Sie schleppten sie aus dem Haus und schnitten ihr das Haar ab. Sie ist darüber verrückt geworden. Ich hatte wirklich Angst. Es wurde viel geredet. Die ganze Stadt war eine einzige Gerüchteküche, und die Geschichten waren weiß Gott nicht immer lustig …«

Was Tara erzählte, ereignete sich drei Jahre vor Harrys Geburt, es musste alles dunkel und sehr anders gewesen sein. Schon der Wechsel des Jahrhunderts, an den er sich splitterweise erinnern konnte, war eine unfassbar andere Welt gewesen als die, die er kannte. Und wenn er ehrlich war, dann zweifelte er an allem, was Tara soeben erzählte, als hätte es vor seiner eigenen Erinnerung, schon gerade vor seiner Geburt, überhaupt keine Welt gegeben, keine Tara, kein Neuß und keine Franzosen.

»Erzählen Sie bitte weiter, Frau Gill«, sagte er und räusperte sich verlegen. »Es ist sehr spannend, und man sieht alles vor Augen …«

Tara träumte und schwieg. Harry zog alles zurück, was er soeben gedacht hatte. Die Tante erinnerte sich an den Einmarsch der Franzosen, wie er selbst sich dann und wann an den Tod des kleinen Katzenretters Wilhelm erinnerte.

»Die Zeit, bis mein Luc bei uns das Zimmer bezog«, sagte Tara, »war eine lange Zeit der Angst, der Ungewissheit, des Hungers, der Kälte. Aber die Kälte war meine Kälte, und die

Angst war meine Angst. Denn als er eines Morgens vor mir stand mit seinem hellen Gesicht und seinem krausen, dichten Haar und der kleinen Narbe im Mundwinkel, da lösten sich die Geister in nichts auf. Ich wollte aus dem Haus gehen, es war dunkel und kalt. Er ließ mich gar nicht aus der Türe treten. Guten Morgen, Madame, sagte er. Ich wollte ihn schon wegschieben oder Leberecht herausrufen. *Qu'est-ce que vous faites là, Madame?* Das werde ich Ihnen bestimmt nicht verraten, sagte ich. Oh, ich war immer sehr vorlaut. Hat mich viel Prügel gekostet, als Kind! … Und mein Luc sah mich an und lächelte so …« Sie lächelte selbst, ihr Kopf nickte kaum wahrnehmbar, und ihre Augen wurden jung. »Es war, als hätte ich eine Medizin genommen oder Opium geraucht. Alles veränderte sich. So, wie man es sich vorstellt, in Ägypten zu sein oder in Indien, wo die Elefanten sind. Und wo vielleicht das Licht am Himmel anders ist als bei uns. Die ganze Welt ist einem plötzlich fremd. Ich habe meinen Luc zur Seite geschoben und mich umgesehen. Es war nicht mehr dieselbe Straße. Als hätte *ich* den Büchel zum ersten Mal in meinem Leben betreten und nicht Luc. Und dann wusste ich plötzlich, dass er ein Zimmer suchte. Ich sah ihm ins Gesicht, blickte auf die kleine Narbe in der Lippe und sagte: *Cherchez-vous une chambre, Monsieur?* Gehen Sie nach oben. Mein Mann wird es Ihnen zeigen. *Je suis content* … Mein Luc bedankte sich höflich und trug seine Tasche hinauf, und ich ging durch diese völlig fremde Stadt, in der ich geboren worden war und die ich nie verlassen hatte.«

Harry suchte Amalies Blick. Sie wich ihm aus. Auf einmal fand er es grotesk, dass sie hier versammelt saßen und Taras Erinnerungen lauschten, während sich Leberecht in der Gewalt von Männern befand, die unberechenbar waren.

»Als ich vom Einkaufen nach Hause kam, saß mein Luc in unserer Küche und unterhielt sich mit Leberechts Mutter. Die Küche war mir genauso fremd wie die Stadt. Leberechts Mutter war fremd, und als die Tür aufging und Leberecht selbst hereinkam, war ich sicher, diesen Mann nie zuvor in meinem Leben gesehen zu haben. Ich gab ihm einen Kuss und tat, als sei überhaupt nichts passiert. Leberecht sah mich an, weil ich ihn sonst nie küsste. Ich glaube, er hat sofort verstanden, was geschehen war. Als ich nach dem Abendessen ins Schlafzimmer kam, um mich in unser fremdes Bett zu legen, nahm er meine Hand. Das ist also dein Luc, sagte er, als hätte ich schon seit Wochen in den höchsten Tönen von ihm gesprochen. Ich sagte ja und küsste Leberecht ein zweites Mal, um mich bei ihm zu bedanken. Es tat ihm weh, aber er bezwang sich. Er sah alles kommen, und es kam. Mein Luc war bei uns eingezogen, und sie vertrugen sich. Ich weiß gar nicht mehr, wie oft er und Leberecht bis tief in die Nacht zusammensaßen und ihre technischen Pläne wälzten. Ich habe nie verstanden, worum es ging. Es war schön, ihnen zuzusehen, wenn sie zeichneten und Papier ausschnitten und zusammenklebten. Es roch nach Geheimnissen und Zauberei …«

»Was haben die beiden denn da gemacht?«, fragte Amalie.

»Oh, kleine Papierfiguren. Sie hatten Namen, Adler und Sperling. Leider ist nichts erhalten geblieben.«

»Vögel?«

»Vielleicht. Fabeltiere. Maschinen wohl eher.« Tara versank wieder in den Weiten ihrer Erinnerung. Sie hatte längst alle Aufmerksamkeit auf sich gezogen. Moritz starrte mit großen Augen und halb offenem Mund herüber. Sogar Christian ließ seine Tante nicht mehr aus dem Blick.

»Manchmal dachte ich, es seien Spielzeuge und meine beiden Männer bloß Kinder.« Tara warf die Bettdecke ab und stand auf. »Es hatte viel mit seinen Landkarten zu tun. Und mit dem, was er beim Zeichnen erlebte.«

»Was kann man denn beim Zeichnen erleben?«, fragte Christian.

»Ich weiß es auch nicht … Amalie, würdest du mir ein Glas warmen Rum bereiten? Die Flasche steht unten in der Vorratskammer … Spielzeuge … Ja, sie waren Kinder und träumten. Bitte, Christian, gib mir meinen Hausmantel.«

Christian holte ihn und half Tara beim Anziehen. Alle folgten ihr nach unten in die Küche. Amalie schürte das Herdfeuer und machte den Rum heiß. Moritz drückte sich wieder in die hinterste Ecke, um nicht gesehen zu werden. Er hatte ein wenig Farbe bekommen unter dem Dreck, vielleicht von der Milch oder von der Vertraulichkeit und Wärme des Erzählens.

»Jeder von euch«, sagte die Tante, als sie am Tisch Platz genommen hatte, »hat doch als Kind bestimmt Tiere gemalt, die auf dem Papier lebendig wurden …«

»Leberecht ist Geometer und Kartograph, Tante«, wandte Christian ein. »Es gibt keine Freiheit für ihn auf dem Papier, nur Zahlen und genaue Winkel, die er einzuhalten hat.«

»Und die Luftstation?«

»Die hat ihm nur Ärger eingebracht.«

»Trotzdem«, sagte sie. »Er behauptet, er hat sie gesehen und erlebt. Beim Zeichnen. Drüben in seinem Bureau.«

Harry folgte Tara sehr gespannt. Sie machte es einem nicht leicht mit ihren Sprüngen von der Freiheit der Kindheit zur Erwachsenenpflicht und zurück. Aber diese Sprünge hatten auch etwas Fesselndes. Vor allem der Gedanke, beim Malen und Zeichnen etwas zu *erleben*. Er wusste genau, was sie meinte. Auch er kannte es, dass irgendein Bild ihn unvermittelt auf ein anderes stieß und er liebe Not hatte, eine innere Verbindung zu erkennen. Wie oft hatte er am Rhein gesessen und geträumt? Das andere Ufer lag im Nebel versteckt. Es hätte der Ozean sein können, den er noch nie gesehen hatte und vielleicht nie in seinem Leben sehen würde. Wohin nur mit der tiefen Sehnsucht, die ihn erfüllte? Dann plötzlich sprang ihm Hamburg in den Sinn, der Millionärsonkel, dessen Reichtum ihm eines Tages womöglich doch den Wunsch erfüllen könnte, Dichter zu werden. Wenngleich es takt- und ehrlos war, dies zu hoffen! Aber bei so viel Geld war es dennoch in der Ordnung, als Neffe ein angeborenes Recht einzufordern, wie andere es auch taten. Was ist denn der Sinn der Familie, wenn nicht der, dass man einander hilft? Noch dazu bei Juden! Es war uralte Tradition, eine Pflicht geradezu, und er sperrte sich ja nicht, für dieses Geld zu arbeiten. Dann sah er sich wie Samson über einem Berg von Briefen, Wechseln und Listen sitzen und die Feder in die Tinte tauchen … Mit schmerzendem Herzen, weil es keine Gedichte waren, die auf das Papier kamen, sondern tote, kalte, hässliche Zahlen. Noch ein verpfuschtes Leben – das eines gewissen Harry Heine, der einmal irgendwann irgendwo irgendwie lebte, träumte, hoffte, liebte, starb …

Er blickte Amalie an, die mit dem heißen Rum vom Herd kam und das Tablett auf den Tisch stellte. Nachher, dachte er, wenn wir aus dem Haus gehen, Moritz, Amalie und ich, werden wir aussehen wie eine Familie.

Was Tara erzählt hatte, verstand er genau. Als Salomon

Heine mit seinen Töchtern aus der Kutsche gestiegen war, hatte sich die Welt verdreht, verfremdet, keine Gasse, kein Gesicht war seither so, wie es bis dahin erschienen war. Und da hinein schlich sich plötzlich wieder das Nebelbild des Rheins als Zauber-Ozean und gleich darauf die alte Höhenfrage: Wie hoch musste man fliegen, um zu erkennen, dass die Erde eine Kugel war? Das hieß, fiel ihm jetzt ein, dass der gute alte Rhein nicht bloß nach links und rechts mäanderte, sondern auch nach unten ... Solche Purzelbäume seiner Phantasie machten ihm Angst, während er sie liebte. Gerade das Überraschende, Morgenländerische darin erschien ihm wertvoll. Aber wie teilte man als Dichter das Wichtigste mit, die Liebe zur Gerechtigkeit, die Liebe zum Vaterland und zur Geliebten, wenn die Fantasie übers Feld sprang wie ein Hase?

»Sie meinen«, sagte er zu Tara, während sie das dampfende Rumglas zum Mund führte, »dass es nicht für alle Menschen gesund ist, nur mit genauen Messungen zu leben und mit unveränderlichen Zahlen, und dass Ihr Mann ein besonderer Mensch ist mit einer besonderen Seele.«

Tara sah ihn überrascht an. »O ja, Harry. Ich weiß, dass mein Leberecht in seiner Gefahr das letzte Wort haben wird.«

»Ich wünsche es mir sehr, Frau Gill.« Es füllte ihn mit Erleichterung, dass er sich geirrt hatte und Tara wohl in keinem Augenblick ihrer Erzählung Leberecht und seine Situation vergessen zu haben schien. »Es würde uns allen eine schwere Last vom Herzen nehmen.«

»Was für ein Mensch ist mein Vater?«, fragte Christian unvermittelt und lenkte alle Blicke auf sich. »Er ist dein Schwager, Tante, du musst ihn doch kennen.«

Tara machte ein trauriges Gesicht. »Er ist dein Vater, Neffe, du solltest ihn noch besser kennen. Aber ich verstehe dich.« Sie nippte an dem Glas, sog den heißen Duft in die Nase und atmete tief. »Was glaubst du, warum wir seit Jahren keinen Besuch mehr aus Düsseldorf bekommen? Leberecht ist deinem Vater unheimlich. Er hat meinen Mann nie gemocht.« Sie drehte sich um. »Amalie, hilfst du mir beim Anziehen? Lass uns bitte hochgehen, wenn ich ausgetrunken habe ... Ach, Christian ... Wenn man jemand lieben will, muss man erst einmal lernen, sich selbst zu mögen. Das fällt deinem Vater schwer. Er selbst ist sein größter Feind. Die Folge ist, der Rest der Welt ist ihm nicht freundlicher gesinnt als er sich selbst. Liebe ist, wo Liebe ist.« Sie trank aus und stand auf. Dann nahm sie Amalie an die Hand und zog sie hinter sich her auf den Flur hinaus.

Christian weinte. Man hörte nichts, aber die Tränen liefen ihm über die Wangen auf das Kinn. Harry sagte nichts, jedes Wort wäre nur Ballast geworden. Moritz gaffte betroffen, als könnte er nicht fassen, was er sah: den großen, starken, älteren Christian Sethe so geschwächt und geschlagen, hier vor seinen Augen. Da lag die Seele blutend und besiegt am Boden und scherte sich nicht mehr darum, wer stark war oder nicht, wer bedeutend und mächtig, wer über wen bedenkenlos hinwegschreiten konnte. Der bloße Mensch saß dort auf dem Stuhl, nur Herz und Haut, ohne Stand und Stellung ...

Plötzlich holte Moritz tief Luft und sagte in die Stille hinein: »Ich habe euch wirklich nicht verraten wollen, auf dem Friedhof. Pater Wunderscheit hat mich gezwungen. Er hoffte, dass ihr bestraft werdet und nichts weiter unternehmt wegen Sefchen. Ich habe euch verfolgen müssen, die ganze Zeit, überallhin. Ich habe mich geschämt ... Aber ich hatte Angst und wusste keinen Ausweg. Er hat gesagt, wenn ich es nicht tue, kommt der Teufel auf einem brennenden Pferd und reißt mich mit einem Haken vom Boden weg in seinen Sattel und wirft mich in die Hölle, wo die Toten schreiend mit den Köpfen aus dem Feuer sehen und alles …« Er schluckte und hustete. »Und wenn ich in der Hölle bin, reitet der Teufel zurück und schlägt meine Eltern und Geschwister tot …« Er zitterte, so sehr trat ihm die Drohung wieder vor Augen. »Ich will es nicht mehr tun …«

»Was?« Harry ließ ihn nicht aus den Augen.

»Euch weiter verfolgen und verraten. Ich sollte den abgebrochenen Stockknauf aus Sefchens Kammer holen«, erklärte Moritz mit Angstaugen. »Aber ihr wart vor mir da. Ich kam nicht an dem Korporal Federling vorbei, der die Haustür bewachte … Als ich ohne den Knauf zurückkam, haben sie mich geschlagen. Der Pater macht jeden Tag Theater. Wenn er erfährt, dass ich hier bin und alles erzählt habe, schlägt er mich tot.« Moritz wurde wieder grau und duckte sich. »Ich will nach Hause. Aber ich habe Angst. Sie werden mich finden.«

Harry ging zu ihm und legte ihm eine Hand auf die Schulter. »Wir verstecken dich. Du kommst zu uns und schläfst erst mal im Tuchlager. Ich sage deiner Mutter Bescheid, und dann sehen wir weiter. Sie haben den Stockknauf und fühlen sich wie Sieger. Ich habe nur Angst um Leberecht. Wunderscheit ist zu allem fähig.«

Moritz beruhigte sich etwas.

»Kommst du mit uns?«, fragte Harry in Christians Richtung.

»Ich komme morgen … oder übermorgen. Vielleicht spreche ich dann mit meinem Vater.« Sein Mund zitterte. »Ich hoffe, dass er wieder gesund wird. Sag ihm das.«

Von draußen klangen die Schritte der Frauen auf der Treppe durch die Tür.

»Nein, sag ihm nichts!« Christian sprang auf, ging zur Tür und öffnete sie. Tara, die die Tür von außen hatte aufmachen wollen, fiel ihm in die Arme. Christian fing sie auf. Sie lachte. Er entschuldigte sich und floh an Amalie vorbei die Treppe hinauf.

»Wir müssen gehen, Amalie«, sagte Harry und machte Moritz ein Zeichen. »Christian wird auf Sie aufpassen, Frau Gill.«

»Das weiß ich, Harry. Ich habe keine Angst. Ich werde mich dort hinsetzen und auf Leberecht warten.«

Harry wollte sagen, dass er nicht glaube, dass Leberecht in sehr großer Gefahr sei. Aber er schwieg.

Sie verabschiedeten sich und gingen. Als Harry aus dem Haus trat, stand Micha neben ihm, der Pistolschütz, und sagte: »Wir gehen. Zu viert. Die Straße ist breit genug. Und wer uns angreift, den zerschieße ich.«

Harry kaute auf seinem Schreck herum. Amalie hatte sofort verstanden, was geschehen war. Moritz drückte sich an ihre Seite und hielt sich das Gesicht mit beiden Händen zu.

»Ich sage Ihnen, Monsieur, es tut mir aufrichtig Leid«, rief Micha zur Seite, nachdem er wieder ein paar Schritte Vorsprung gewonnen hatte. »Als Mensch tut es mir Leid. Als Vertreter meiner eigenen Interessen natürlich nicht.«

»Natürlich?« Harry fühlte Mut aufkommen.

»Sie mögen das Privileg haben, wählen zu können, ob Sie moralisch korrekt handeln oder nicht. Mein Leben sieht anders aus. Da gibt es Zwänge. Das Pistol unter meinem Mantel hat sein Gewicht, in der Hand und im Herzen. Ist dies Ihre Familie, mein Herr?« Er drehte sich um und zeigte auf Moritz. »Bittet der Junge Sie um Brot? Mein Sohn hat das getan. Als er noch lebte. Verzeihen Sie, meine Dame, ich bin ein Scheusal. Aber es gibt davon eine stattliche Zahl auf jedem Flecken der Erde.« Er ging weiter. Harry, Amalie und Moritz folgten ihm und ließen den Abstand bestehen.

»Sie haben den silbernen Adlerkopf!«, rief Harry. »Sie haben Leberecht Gill! Was wollen Sie denn noch?«

»Vielleicht Gerechtigkeit?«, antwortete der Pistolschütz.

Du willst Absolution, dachte Harry. Wieso sollte *ich* sie dir erteilen?

Sie gingen auf das Niedertor zu, wo hinter den Gärten der Weg nach Heerdt und dem Zollhaus an der fliegenden Brücke abzweigte.

»Sie wissen, dass es mich belastet, was ich tue«, sagte Micha.

»Warum in aller Welt sollte er Ihnen verzeihen?«, rief Amalie unerwartet.

Micha wandte sich um. »Weil er mich in der Seele versteht. Und so hat er die Pflicht, mir die Schuld zu nehmen.«

Amalie lachte schrill. »So etwas habe ich noch nie gehört.«

»Muss es deshalb falsch sein?«

Die schnurgerade Hauptstraße war so leer wie am Vormittag. Hier und da stand eine Haustür offen. Davor schlug jemand Stammholz in kleinere Scheite. Ein Stück weiter leerte eine Frau einen Eimer Blut oder schmutziges Wasser. In der Nähe standen zwei Ziegen an einen Pfahl gefunden und rieben die

Köpfe aneinander. Kinder spielten unter einem Leiterwagen und hatten aus Steinen eine Burg gebaut, in deren Hof ein Kätzchen lag und blinzelte.

Sie gingen durch das Niedertor, ließen die Gärten hinter sich und folgten dem Weg durch die Felder. Micha behielt seinen Vorsprung bei. Amalie machte ein besorgtes Gesicht, und Moritz ließ nicht ab, bei ihr Schutz und Deckung zu suchen.

Harrys Unsicherheit wuchs mit jedem Schritt. Was hatte Micha vor? Seit sie durch das Tor gegangen waren, hatte er kein Wort mehr gesagt. O ja, er verstand es glänzend, mit seinen Opfern zu spielen, sie in diese oder jene Stimmung zu werfen, Hoffnung und Angst zu schüren, wie es ihm gefiel. Was war das für ein Mensch? Ein paar Mal war Harry nah daran, ihn unverblümt zu fragen, welche Rolle er hier spiele und was sie zu erwarten hätten. Aber dann hatte die Furcht gesiegt, dass er ihn bloß unnötig reizen könnte und sie nur noch tiefer in Gefahr gerieten. Also schwieg man besser und ließ diesen Mann sein Wesen treiben, der da in seinem langen Mantel vor ihnen her schritt wie ein Hofmarschall. Beruhigend war, dass er Moritz offenbar nicht kannte und nichts von dessen Flucht wusste, die sich hier unter seinen Augen vollzog.

Auf halbem Weg (im Norden lagen die Dächer von Heerdt auf dem Horizont) brach die Sonne durch die Wolken und schüttete Farben über die Erde aus, die umso üppiger und freundlicher leuchteten, als es vom frühen Morgen an bedeckt und grau gewesen war. Harry misstraute sogar den Farben.

Plötzlich drehte sich Micha um und kam auf Moritz zu. »Junge, sieh mich an!« Er holte seine Ledertasche hervor.

»Hast du schon einmal ein echtes Schweizer Pistol in der Hand gehalten?«

Moritz war erstarrt. Er zitterte in Amalies Armen.

»O nein!«, sagte Harry fest. »Hat er nicht. Nein, danke. Er will nicht.«

Micha blitzte ihn an. Dann sagte er ruhiger und enttäuscht: »Schade. Ich hätte es ihm gerne gezeigt, hier auf dem Feld, wo man nach Herzenslust einmal feuern kann.« Er bohrte seinen Blick in Harrys Kopf. »Niemand weit und breit, der etwas sieht. Es gibt keinen Jungen auf der Welt, der es nicht gerne versuchen würde. Komm her, Söhnchen!«

»Nein!«, rief Harry noch einmal und wusste gar nicht, wohin mit seiner Aufregung und Angst.

»Wir möchten es nicht, mein Mann und ich«, sagte Amalie plötzlich und hinterließ einen Ton in der Luft. Die Farben veränderten sich. Wolkenschatten flogen über sie hinweg.

»Ist er nicht zu alt, um Ihr Sohn zu sein, Madame?«, fragte Micha.

»Er ist mein Bruder und sein Schwager.« Sie nickte in Harrys Richtung.

Micha fixierte sie. Einen Atemzug lang unschlüssig, wie es schien. Er blickte über das Feld zum Dorf, dann zum Rhein, wo schon die Silhouette von Düsseldorf zu sehen war und davor das Zollhaus der fliegenden Brücke, klein und schief zwischen kahlen Kastanienkronen. Der Rhein und die Ponte lagen zu tief.

»Nein, Herr Micha«, sagte Harry zum dritten Mal und war im selben Moment mit Amalies mutigem »wir« beschäftigt, das ihm unaufhörlich nachklang und allerlei Bilder vorspielte, die ihm schmeichelten und ihn erschreckten.

Er sah sich mit Amalie an einem kleinen Teetisch sitzen. Sie waren beide alt geworden, über dreißig oder gar über vierzig, und blickten zufrieden auf ihr Leben zurück. Dann befanden sie sich auf dem Weg ans Meer, vielleicht an die Elbmündung, wo ihr Sommerhaus stand. Es gab herangewachsene Kinder …

»Wie heißt du denn?«, fragte Micha und sah Moritz an. »Heißt du vielleicht Moritz?«

Harry fuhr der Schreck in die Brust.

»Nicht wahr, du heißt doch Moritz?« Micha zeigte auf das Dorf. »Siehst du, dort kommt ein Reiter. Er kommt zum Zollhaus. Dort treffen wir uns.«

Tatsächlich löste sich aus dem dunklen Wirrwarr der Dächer, Hecken und Bäume eine Gestalt, Pferd und Reiter, und trat auf den freien Horizont hinaus.

»Es ist der Pater«, erklärte Micha.

Harry stockte das Blut.

»Er hat seinen Willen, dieser Mann …«, sagte Micha. Die Betonung der Worte verhieß nichts Gutes.

»Auf was soll das hinaus?«, fragte Harry. Er musste tief Luft holen, um den anfliegenden Schwindel zu verjagen.

Micha blickte nach rechts und links über das Land. Der Reiter kam langsam im schrägen Winkel immer näher. »Er hat sich in den Kopf gesetzt, den Jungen zurückzuholen.«

Sie gingen weiter. Moritz presste sich an Amalie und weinte. Plötzlich blieb sie stehen. Auch Harry ging keinen Schritt weiter. Er legte seine Arme um Amalie und den Jungen.

Micha wurde langsamer, dann drehte er sich um. »Schön sieht das aus«, rief er. Er hob das Pistol und zielte in den Himmel. »Wir gehen.«

Harry wollte *Pathos* zeigen. Aber da war nichts. Er fühlte, wie ihm das Messer der Entscheidung in die Seele schnitt. Wie eine richtige Klinge. Irgendwo lief schon das Blut aus ihm heraus und würde gleich in seinem Hemd und im Rock einen Fleck machen, bis er von Kopf bis Fuß ganz rot war und ganz tot vor lauter Angst. Als Junge hatte er einmal zwischen zwei feindlichen Gruppen gestanden und nicht gewusst, in welche Richtung er wegrennen sollte. Jede hätte ins Unglück geführt. Aber auch keiner der anderen war näher gekommen. Da begriff er, dass es neben seiner Angst auch die der anderen voreinander gab. Niemand mochte sich vorwagen, um den *Judenharrüh* endlich zu verhauen. Also passierte gar nichts. Irgendwann verlor sich das Interesse und man trollte sich. Er, Harry, war als heimlicher Sieger zurückgeblieben.

Er ließ Amalie und Moritz nicht los. Micha hatte sich wieder umgedreht und ging weiter. Die Waffe baumelte an seinem Arm wie ein Uhrenpendel. Dann wandte er sich um. »Oho, Monsieur! Sie machen einen Fehler. Der Pater wird uns sehen und sich sein Teil denken.«

Sie gaben sich geschlagen und folgten ihm. Jeder hatte seine Angst. Die fliegende Brücke wartete nicht, und drüben auf dem anderen Weg näherte sich Wunderscheit. Das Zollhaus war nur noch hundert Schritte entfernt. An seinen Flanken duckten sich Remisen und Ställe. Wagen sah man davor und Pferde. Die Knechte standen in Gruppen und rauchten lange Pfeifen.

»Ich gebe Moritz nicht her«, sagte Amalie leise. »Da muss er mich mit auf sein Pferd reißen. O mein Gott, er soll sich davor hüten, mir etwas anzutun. Mein Vater hat einen langen

Arm, und jeder soll sich selber Leid tun, der seinen Zorn auf sich zieht.«

Harry hörte kaum hin. Zu sehr quälten ihn Angst und Hilflosigkeit.

»Hat der Pater auch ein Pistol?«, rief er nach vorne. Er wusste nicht genau, was die Frage bezwecken sollte.

»Nein, Herr«, antwortete Micha zur Seite. »Das Pistol habe ich, und ich werde damit zielen, wenn es sein muss.«

»Das glauben wir, du falscher Hund«, sagte Harry leise. Jeder Schritt auf das Zollhaus zu tat ihm weh. Düsseldorf, die Freiheit, das vertraute Ufer, war zum Greifen nah. Rechts war jetzt der Rhein zu sehen, die südliche Schleife, er lag da wie ein strömender See. Der Reiter war nah herangekommen. Harry erkannte ihn an seiner Haltung, noch bevor er das Gesicht sah, die tief liegenden, hellen Augen, den dünnen, weißen Mund des Lehrers, der so gerne und oft den Rohrstock geschwungen hatte.

Unten, hinter dem Zollhaus, lag die Ponte am Ufer und wurde entladen. Sie sollten also ohne Moritz nach Düsseldorf zurück! Der Junge zitterte, die Zähne schlugen aufeinander. Amalie hielt ihn fest, als wäre er ihr eigenes Kind. So fest, dass Harry eine Katastrophe bevorstehen sah, die niemand mehr abwenden konnte. Er kannte Amalie nicht, aber so viel sah er in ihren Augen, dass sie es nicht einfach geschehen lassen würde – und dafür liebte er sie jetzt, um diese Kraft beneidete er sie, um diesen Willen, und deshalb würde er nun mit ihr in das Unglück laufen, egal, was es bedeutete und was Wunderscheit ihnen zuleide tat.

»Wir gehen!«, rief er laut. Amalie sah ihn verwundert an. »Wir gehen, Herr Micha oder Monsieur Uri!«, rief er noch einmal. Micha drehte sich um und blieb stehen. Wunderscheit kam auf seinem Fuchs heran. Die beiden Männer wechselten Blicke.

»Wir gehen«, sagte Harry zum dritten Mal. Sie liefen weiter, den Weg zum Ufer hinunter. Es war wie ein kleiner Tod.

Als sie an Micha vorbeigingen, sagte der Pistolschütz: »So ist es richtig. Dort wartet die Fähre. Viel Glück dort drüben!«

Die drei gingen weiter, wie betäubt. Hinter ihnen war es still. Sie gingen, schwankend vor Furcht und Zweifel, am Zollhaus vorüber. Als Harry sich unten am Wasser umwandte, sah er Micha mit dem erhobenen Pistol. Die stumpfe Mündung zeigte auf Wunderscheit, dessen Hände in das schon dämmrige Licht des Himmels schlugen.

Zu dritt und immer noch umarmt betraten sie die krängende, im Flusssand knirschende Plattform.

Siebzehntes Kapitel

Die Rückkehr Salomon Heines vom Niederrhein nach Düsseldorf vollzog sich so leise und farblos, wie seine Ankunft aus Köln vor elf Tagen geräuschvoll und grell gewesen war. Gegen zehn Uhr abends erreichten seine Wagen die Stadt. Aber man hielt nicht in der Bolkerstraße, sondern vor den Remisen des *Breidenbacher Hofs*, wo sich Salomon zwei Zimmer nahm. Mister Lionel Colt und die Schreiber schliefen in einer nahe gelegenen Pension. Früh am Morgen fanden sich die Herren im Hotel ein, frühstückten mit ihrem Brotherrn und machten sich gemeinsam mit ihm, weil der Himmel klar und die Luft trocken war, zu Fuß auf den Weg zum Haus des Bruders.

Die Ankunft war von einem Brief aus Wesel angekündigt worden, in welchem Betty Heine von ihrem Schwager ausdrücklich (freilich wirkungslos) gebeten wurde, nicht wieder so viel Aufhebens zu machen und stattdessen für ein ordentliches Mittagessen zu sorgen, das sei allemal genug. Dennoch wurden die Zimmer geputzt und mit den ersten Frühlingsblumen, die der Markt bot, verziert, nicht übertrieben, aber so anmutig, dass der Millionär beim Betreten des Hauses sagte: »Betty, ich werde dich rauben. Samson wird dich hergeben müssen, weil ich reich und mächtig bin. Aber sage ihm nichts davon.«

Peira verzog das Gesicht und zwang sich ein Lächeln ab. Es war nicht ihre Art Humor, und sie spürte sehr wohl, dass sich in Salomons Spaß auch der Schatten einer schmerzlichen Verachtung für den geschäftlich so unbegabten Bruder verborgen hielt.

Die Freude über Salomons Rückkehr war etwas getrübt: Alle drei, Harry, Amalie und Moritz, waren nach ihrer Flucht über den Rhein krank und fiebrig geworden. Moritz lag im Tuchlager, Amalie in Charlottes Bett und Harry, nur durch eine Tapetentür von ihr getrennt, im Jungenzimmer. Es war, als hätten sich Angst und Erregung auf der Neußer Seite in die Glieder gesetzt und das Blut vergiftet. Doktor Wendel ging von Tür zu Tür und verabreichte kühlende Umschläge und bitteren Tee von Nussblüten und Wegerich.

Keiner der drei hatte Peira die Wahrheit erzählt. Natürlich ließ sie sich nichts vormachen. »Es tut mir weh, dass ihr so wenig Vertrauen zu mir habt«, sagte sie an jedem Bett. »Das sieht wohl ein Blinder, was da passiert sein muss …«

»Ein Wunder«, antwortete Harry, »ein Wunder …« Er versprach, alles bis ins Kleinste zu berichten, sobald Christian den Kopf zur Tür hereinstecke.

»Bis dahin ist es also zu riskant«, schloss Peira daraus und gab sich sichtlich Mühe, ihre Sorge und Enttäuschung zu verbergen.

Salomon Heine stattete Krankenbesuche ab. Zuerst bei Amalie, die seine Hand nahm und erklärte, er solle sich keine Sorgen machen. »Du weißt ja, dass ich vollkommen selbstständig bin und mit jeder Situation fertig werde.« Salomon verzog das Gesicht und brummte etwas Unverständliches. Dann zog er Peira auf die Seite und ließ sich erzählen, was vorgefallen war. Harry schlich, mit Samsons Hausmantel bekleidet, vor der offenen Tür herum und lauschte, um auf dem Laufenden zu sein. Peira wusste nichts oder nur wenig, druckste herum, lenkte verlegen ab. Der Onkel ließ es sich gefallen. Am Nachmittag besuchte er den kranken Neffen. Harry erkannte seinen schweren, selbstsicheren Gang. Als die Tür geöffnet wurde, stellte er sich schlafend.

»Tu nicht so, als ob du schliefest«, sagte Salomon, zog einen Stuhl heran und setzte sich.

Peira stand hinter ihm und hatte die Hand an den Mund gelegt. In der Tür gafften Charlotte und Gustav.

»Morgen bin ich wieder gesund«, erklärte Harry und lächelte verlegen, gab sich schwächer und kränker, als er war. Sinnlos, wie es schien. Der Blick des Onkels durchbohrte ihn, gleich würde er von seinen verkauften Rheinbrücken sprechen. Als ob das wichtig war! Ausgerechnet Rheinbrücken, über die Leute wie Scherz und Wunderscheit dann noch schneller nach Düsseldorf kommen konnten, um Rache zu üben für die erfahrene Erniedrigung. Harry fragte sich, was Micha wohl getan hatte, als sie fort waren. Von der Plattform der Ponte aus war es nicht weiter zu verfolgen gewesen. Wunderscheit war vom Pferd gestiegen, und Micha hatte weiter mit dem Pistol auf ihn gezielt. Dann waren sie in Richtung Zollhaus davongegangen und zwischen den Ställen und Remisen außer Sicht geraten.

»Hast du eine deiner Brücken verkaufen können, lieber Oheim? Ich habe viel daran denken müssen.«

»An meine Brückenpläne oder an mich?«, fragte Salomon.

Harry zögerte eine Sekunde. »Beides scheint sich nur schwer trennen zu lassen.«

»Und das ist gut so«, ergänzte der Onkel. Seine Miene wurde ernst. »Also, was ist dran an der Geschichte?«

»An welcher Geschichte?«

»Harry!«, drohte Peira.

»Nicht doch, Betty.« Salomon faltete die Hände. »Mich interessiert die Sache nur von da an, wo sie beginnt, gefährlich zu werden. Stimmt es, dass ihr einem Mörder auf der Spur seid?«

»Ja, das stimmt.«

»Woher wisst ihr, dass der Betreffende ein Mörder ist?«

»Er hat es mit seinem Gehstock getan. Dabei ist der Knauf abgebrochen.«

»Das ist also eine Tatsache?«

»Wie meinst du das?«, fragte Harry.

»Könnt ihr *beweisen*, dass es so war, wie du sagst?«

»Wir haben den Knauf gefunden. Ein sehr seltener silberner Adlerkopf.«

Salomon holte tief Luft. »Der Knauf kann allenfalls beweisen, dass jemand mit dem dazugehörigen Stock erschlagen wurde.«

»Der Gehstock gehört Gotthilf Scherz, Mühlenbesitzer und Ratsmitglied in Neuß.« Harry hatte ein Gefühl, als hätte er mit dem Namen ein Geheimnis verraten.

»Besitz oder Eigentum haben primär nichts mit der Tat zu tun, Harry. Jeder kann mit einem Stock schlagen, ganz egal, wem er gehört.«

Harry nickte unsicher. Natürlich hatte er auch schon daran gedacht. Etwa, als Christian berichtet hatte, dass ein Knecht den Stock abgeholt habe, und als Moritz erzählte, dass Wunderscheit mehr Angst hätte als Scherz, der sich für unverwundbar hielt. Aber er hatte sich auf diese Gedanken nicht einlassen können. Scherzens Schuld war ihm viel zu wahrscheinlich, ja offenkundig erschienen und von jedem unangefochten für möglich gehalten worden. Dass ausgerechnet Onkel Salomon das Gebäude mit ein paar Worten zum Wanken brachte, war peinlich.

»Ich bin müde«, schwindelte Harry und fühlte sich feige.

»Dann will ich dich jetzt in Ruhe lassen«, sagte Salomon und stand auf. »Entschuldige, dass ich dich so scharf ausgefragt habe. Aber ich finde die Angelegenheit heikel … Wenn es dir besser geht, erzähle ich dir, was Mister Colt und ich bezüglich der Brücken erreicht haben. Falls es dich noch interessiert.«

»Sehr, lieber Oheim.« Harry schloss die Augen und horchte, was geschah.

Sie verließen das Zimmer. Als er die Augen öffnete, war Gustav zurückgeblieben und sah ihn von der Tür aus unverwandt an.

»Was ist?«, fragte Harry.

Der Zehnjährige zierte sich.

»Sag schon!«

»Wie hat sie ausgesehen?«

»Wer?«

»Die Leiche.«

»Sefchen?«

»Ja.«

»Ich habe sie nicht gesehen.«

»Doch. Charlotte hat es mir gesagt.«

»Dann hat sie gelogen. Wir sind in ihrem Zimmer gewesen, Christian und ich. Aber da hatte man sie schon weggeholt. Es war nur noch ein dunkler Fleck am Boden.«

Gustav wurde bleich. »Blut?«

»Ja«, sagte Harry.

»Wir wollen euch helfen, Charlotte, Max und ich.«

»Danke für eure Sorge.« Harry nahm Gustavs unerwartet kühle Hand, zog ihn heran und nahm ihn in den Arm. Der Bruder legte seinen Kopf auf Harrys Schulter und summte.

»Liebst du sie, Harry?«

Harry drückte ihn fester an sich. »Amalie? Ja.«

»Wie ist das?«

»Es ist so, dass auf einmal alles fremd und verändert erscheint.«

Gustav löste sich und blickte Harry an.

»Du kommst in dein Zimmer«, erklärte Harry, »und plötzlich hast du das Gefühl, als wärst du noch nie darin gewesen ...«

»Und die Liebe?«

Harry begriff, worauf Gustav hinauswollte. »Man will den anderen ganz nah bei sich haben, so nah wie möglich ...« Eines hatte er sich vorgenommen: seine Brüder nicht in dieselbe Angst und Ungewissheit taumeln zu lassen, die Christian und er nur mit Sefchens Hilfe schadlos überstanden hatten. Natürlich waren Max und Gustav jüdisch getauft und beschnitten. Aber das allein half niemand. Was Gustav jetzt wissen wollte, erklärte sich ohne das vordere Häutchen ebenso wenig von selbst wie mit.

»Ich kann es immer nicht glauben, wenn die anderen Jungen sagen, was die Eltern miteinander tun«, sagte Gustav und hatte Tränen in den Augen.

»Ich habe damals den gleichen Schreck bekommen wie du«, sagte Harry. »Es springt einen an wie ein Löwe. Aber in Wahrheit ist es nur ein Kätzchen.«

»Ich glaube aber nicht, dass Mama und Papa das tun.«

Harry nahm Gustav noch einmal in den Arm. »Dann glaube es nur ein bisschen. Das kannst du doch ruhig tun. Ich meine, nur so viel, wie es eben geht. Damit es nicht wehtut.«

»Ich versuche es, Harry.«

»Ich bin stolz auf dich.«

»Ich auch auf dich.« Gustav wischte die Augen trocken. Dann ging er zur Tür.

Am folgenden Morgen fühlte sich Harry gesund. Das Fieber war weg. Peira wollte nichts davon wissen, brachte ihm Tee und verbot ihm, das Bett zu verlassen. Als sie gegangen war, kam Maximilian ins Zimmer und händigte seinem Bruder, wie draußen vor dem Haus von einem Unbekannten aufgetragen, einen Zettel mit Christians Handschrift aus. *Gegen Mittag am Kran!* Max musste schwören, den Mund zu halten. Dann durfte er den Hausflur überprüfen und Harry ein Zeichen geben, sobald die Luft rein war. Harry schlich sich, in seinen wärmsten Wintermantel eingehüllt, zur Haustür.

Er ging den Umweg durch die Liefergasse, am Haus des Pferdehändlers vorbei. Vor der Tür stand ein Stuhl neben einem Bett. Es waren Sefchens Sachen, die von Verwandten abgeholt wurden. Ein Mann trug Bretter in das Haus. Von drinnen schrien Kinder heraus. Neben der Tür lagen die Scherben eines Topfes, dazwischen Erde und die Reste einer vertrockneten Pflanze.

Harry bog um die Ecke, nahm die Alte Stadt, dann die Crämerstraße und ging über den Burgplatz zur Markt- und Bergerstraße bis in die Neustadt, wo er schließlich den Weg zur Karl-Theodor-Insel einschlug.

Der Himmel war verhangen. Der Horizont verschwamm. In der Ferne lag die Krautmühle im Dunst, krumm und zerbrochen wie ein tot herabgestürzter Vogel. Wenn er jetzt einfach weiterlief, überlegte er, den Rhein entlang, an Hamm vorbei, bis Flehe, Himmelgeist, Benrath … Zu Hause würde man bald entdecken, dass er nicht mehr in seinem Zimmer war, und ziemlich schnell Max als denjenigen ausfindig machen, der etwas wusste. Hinter Benrath lag Hitdorf, dann kam Leverkusen, Bensberg und schließlich das Bergische, leere Wälder, unbekannte Dörfer, nichts Vertrautes mehr – aber auch keine Neußer Sorgen, das scheußliche Verbrechen an Sefchen und die Jagd nach ihrem Mörder, der vermutlich nie zur Rechenschaft gezogen würde. Es war kindisch zu glauben, die Gerechtigkeit ließe sich verlieren und wieder finden wie eine Geldbörse oder mit ein paar Löffeln Mehl korrigieren, bis der Zeiger der Waage senkrecht in den Himmel zeigt. Die Gerechtigkeit war ein Aal, der einem durch die Hände glitt. Und es gab Menschen, die hatten die Macht, das Geld und die Boshaftigkeit, einen ganzen Fluss zu vergiften, bis der Aal tot auf dem Wasser schwamm.

Der Kran kam in Sicht. An der Tür kauerte eine Gestalt. Als Harry näher kam, fasste ihn der Schreck. Es war nicht Christian, sondern der Manteltträger, Uri, Micha, der Pistolschütz. Er saß krumm und bleich auf den Steinen.

»Sie müssen keine Angst haben, Signor«, sagte er. »Ihr Freund Christian verzögert sich. Er wird sich mit Ihnen in Verbindung setzen.«

Harry blieb auf Entfernung.

»Ich werde mich entschuldigen müssen«, fuhr Micha fort. »Sie haben unter mir gelitten. Aber es war eine Zwangslage. Ich hätte mein Ziel nicht erreichen können, wenn ich Sie und Ihren Freund nicht niedergeschlagen hätte, in Grimlinghausen.«

»Das geht in Ordnung«, sagte Harry und tat einen Schritt auf ihn zu.

»Herr Gill ist in Sicherheit und hat sich in die gute Obhut der Alexianer begeben. Stellen Sie sich vor, er ist über den Himmel geflogen. Ich habe es nicht selbst gesehen, aber alle sagen es … Ich selbst werde nachher, wenn wir uns trennen, nach Osten reisen. Aber zuerst muss ich Ihnen ein Geständnis machen. Ich heiße weder Uri noch Micha. Es ist manchmal besser, nicht den wahren Namen zu sagen. Ich habe mich auf meinen Reisen daran gewöhnt. Mein Vater war mein Lehrer, was das betrifft. Er hat die halbe Welt erobert. Allerdings nicht mit den Händen. Eher mit seinem Herzen. Ich heiße Phanuel van Geldern. Mein Vater Simon war der Onkel Ihres Onkels Simon. Mein Vater war der Morgenländer …«

Harry lächelte. Das Lächeln war von ihm getrennt. Er fühlte es kaum. Sein Mund bewegte sich, die Wangen. Dicht neben Phanuel, seinem unerwarteten, unbekannten, eigentlich unmöglichen Onkel-Cousin kroch eine große schwarze Spinne über die Kranwand.

»Pater Wunderscheit ist tot«, sagte Phanuel van Geldern.

Harry war überrascht, wie wenig ihn der Satz traf. Etwas anderes beschäftigte ihn. Hatte der Onkel-Cousin vielleicht zwei Flügel unter seinem Mantel?

»Wunderscheit ist tot, und die Welt wird ihn gerne vergessen.« Phanuel stand von den Steinen auf. »Sie werden wissen wollen, wie er gestorben ist. Aber ich möchte Ihr Gewissen nicht belasten. Dieser Mensch war unberechenbar. Warum er gestorben ist, das wissen Sie vielleicht. Die Gerechtigkeit ist eine Schildkröte. Sie vergisst nichts. Doch lassen wir das … Ich glaube nicht, dass wir uns wieder sehen werden. Aber ich habe eine Bitte. Vielleicht gelingt es Ihnen, mich als eines der wenigen Geheimnisse zu behandeln, denen jeder in seinem Leben begegnet und die er mit in den Tod nimmt.«

»Ja«, sagte Harry leise.

»Mein Vater hatte keine Kinder«, fuhr der Mann fort. »Fragen Sie Ihren Onkel Simon in seiner Arche Noä oder seine Schwester, Ihre Mutter, die gute Peira, meine Kusine. Oder besser: Tun Sie es lieber nicht. Wenn jemand erführe, dass es mich gibt, wäre es aus mit der Ruhe. Und ich fühle mich wohl, so ganz unbekannt, und lebe gut. Ich reise viel. Mein Vater hat eine Spur hinterlassen, der ich folge. Er hat sich gewünscht, dass ich fortführe, was er begonnen hat. Es müssen nicht immer Manufakturen sein. Es gibt geistige Manufakturen, die ebenso wichtig sind. Man kann nicht alles in der Welt mit den Händen berühren …«

»Aber …«

»Ich sage Ihnen jetzt Adieu.« Damit zog Phanuel einen grünen Umschlag aus seiner Manteltasche und reichte ihn Harry. Der nahm ihn verwundert. Dann fasste er sich.

»Leben Sie wohl, *Morgenländer* …« Harry gab ihm die Hand. Es war eine schwere Hand, in der seine eigene gar nicht mehr zu sehen war. Er hatte noch hundert Fragen! Dieser Mann konnte jetzt nicht einfach weggehen … Aber Phanuel drehte sich um und ging, verschwand hinter dem Ufergestrüpp. Sein dunkler Kopf tauchte noch einmal auf, tanzte für einen Moment zwischen den Zweigen und einem schiefen Stapel Bauholz durch die graue Luft. Dann war er verschwunden.

Letztes Kapitel

Das Gute …, las Harry, zum dritten Mal und mit unverminderter Bewunderung. Zu Hause hatte er pflichtgemäß Peiras Vorwürfe entgegengenommen, war später allerdings trotzdem wieder gegangen, um Christian zu treffen und erleichtert in den Arm zu nehmen. *…Das Gute hatte sich einen Panzer gekauft. Der war aus Eisen und so schwer, dass er sich kaum tragen ließ. Aber es half nichts. Das Gute war überzeugt, dass der Panzer es in Schutz nahm, sobald das Böse angriff in seinem fliegenden Papierkleid. Das Böse sah darin ganz arglos aus. Man ließ es nah heran, denn welches papierne Kleid kann jemand etwas zuleide tun? Am Tag trommelte die Sonne herab, in der Nacht sangen die Sterne. Das Gute schleppte sich durch Wälder und Schluchten. Die Tiere liefen vor ihm weg. Es pfiff und lockte. Rief laut, dass alles nur Schein sei, Vorsicht und Tarnung. Es blieb allein. Wo immer es hinkam in seinem Panzer, sprang die Angst vom Boden in den Himmel und wurde schwarz. Da ließ sich das Gute endlich fallen, weinte und flehte, schämte sich und kaute eine Nacht lang Gras. Am Morgen schälte es sich aus seinem teuren Panzer und schrie nach Liebe. Aber ach, als es wieder schrie und weinte, raschelte es leise in der Nähe wie von Papier. Man hörte es nicht gleich. Bis es knisterte und riss. Das Gute blutete ein Jahr lang und einen letzten Tag.*

Er faltete das Blatt zusammen und steckte es in das grüne Kuvert zurück. Der *Wunsch* und die *Wirklichkeit*, die *Bescheidenheit* und die *Selbstsucht* und nun das *Gute* und das

Böse … Wie viel dummes Zeug war schon über diese Dinge gesagt worden! Meist irgendwelche Schulpredigten oder Erbauungsverse. Aber nie hatte er etwas in dieser Art gelesen, verspielt, hingeworfen, nutzlos. Und es hatte ein Uri, ein Micha und Phanuel daherkommen müssen, geheimnisvoll, stark, verschwiegen, um ihm, Harry, zu zeigen, dass es sich lohnte, Ideale zu haben, ein Dichter zu werden, gegen alle Widerstände, wo er nun mal kein Schweizer Pistol besaß und wohl auch nicht gut damit würde umgehen können. Jedenfalls ein hohes Ziel zu sehen, sehr hoch, vielleicht zu hoch … Nein, es *soll* hoch sein, in den Wolken soll es liegen, ja *über* den Wolken, unerreichbar für die meisten, dort, wo er sehen kann, wie die Erde zu einer großen, bunten, schweigenden Kugel wird …

Christian überbrachte die jüngsten Nachrichten aus Neuß. Man habe Wunderscheit in der Nähe von Heerdt tot aufgefunden. Er habe kerzengerade an einem Baum gesessen und einen Brief im Mund gehalten. Onkel Leberecht habe den Inhalt des Briefes (seltsam genug oder auch nicht) aufs Wort genau gekannt. Darin entschuldigte sich Wunderscheit bei Gotthilf Scherz für den gedankenlosen Diebstahl des Gehstocks, mit dem er nach Düsseldorf gelaufen sei, um das Mädchen Josefa Edel zu besuchen. Sie habe ihn jedoch nicht in ihr Zimmer gelassen, woraufhin er sich mit Gewalt Einlass verschaffte. Der Rest sei bekannt. Sein, Wunderscheits, Leben sei nichts als Enttäuschung und innere Anspannung gewesen. Er sei nun müde, und es gebe keinen Grund für ihn weiterzuleben angesichts des Hasses und Selbsthasses, dem er sich aus eigenem Verschulden ausgesetzt sehe. »*Gott vergebe mir* … das waren die letzten Worte … wenn man Leberecht glauben will«, sagte Christian. »Ziemlich seltsam alles, wenn du mich fragst. Aber die Linksrheinischen sind immer schon seltsam gewesen ...«

Harry pflichtete ihm bei, halb aus Überzeugung, halb aus Verlegenheit und Scham über ihren Irrtum. Dann beschlossen sie, das erlebte Abenteuer als Geheimnis zu wahren, solange sie lebten.

»Oh, wir haben viel erreicht«, erklärte Salomon Heine mit vor Erregung rotem Gesicht. »Mister Colt! Sagen Sie selbst!«

Lionel Colt regte sich nicht.

»Zum Beispiel in Arnheim ...« Salomon warf die Hände in die Stubenluft. »Wir haben das Rathaus erobert. Vom Keller bis in den Saal.« Seine Hände spannten weite Bögen über den festlich gedeckten Tisch. Aus der Küche duftete es nach Fisch, Lamm, Gemüse und Kuchen.

Es war Salomons Abschiedsfeier. Er hatte es sich nicht nehmen lassen, seine Tochter Friederike und eine für die Gelegenheit bezahlte Köchin zum Markt zu schicken und an nichts sparen zu lassen. Am folgenden Vormittag würde er abreisen, nicht auf direktem Wege, sondern über ein paar kleinere Städte an der Ruhr, wo in den nächsten Jahrzehnten, wie er jetzt mit Glanz auf seiner Stirn erklärte, eine sensationelle Rohstoffförderung einsetzen werde.

Harry konnte sich unter dem Begriff »Rohstoff« nichts vorstellen und fand auch die Wendung »in den nächsten Jahrzehnten« ziemlich rätselhaft. Was der Onkel vortrug, war dennoch nicht langweilig. Wenn er von der Zukunft der Region sprach, blitzten seine Augen wie Edelsteine. Es war Leidenschaft darin. Aber es schimmerte auch eine ungeheure Wucht hindurch, wie ihm schien, ein Tatendrang, von dem jeder, der sich ihm in den Weg stellte, ohne Zweifel entweder mitgerissen oder niedergerannt werden würde.

»Um deine Frage genau zu beantworten, ob wir eine Brükke verkauft haben. Da muss ich gestehen: nein.« Der Onkel schwieg und blickte in die erschreckten Gesichter um ihn her. Peira wurde bleich, Samson räusperte sich verlegen, die jüngeren Geschwister ruckten ungeduldig auf ihren Stühlen umher. Nur auf Amalie schien Salomons Rhetorik keinen Eindruck zu machen. Sie lächelte kaum sichtbar und zuckte mit dem Mund.

»Aber das ist kein Anlass zur Beunruhigung«, fügte der Onkel endlich hinzu und löste die von ihm selbst erzeugte Spannung. »Ich verkaufe keine Brücken. Ich biete anderen Geld, sie zu bauen. So ein Ding ist nicht eben billig, und es dauert etliche Jahre, bis die beiden Ufer des schönen Rheins für immer Stein auf Stein miteinander verbunden sind.« Wieder legte er eine stolze Pause ein.

»Ich will versuchen, es zu erklären. Mister Colt und ich haben vor einem Jahr die schlesischen Steinkohlengruben besucht. Wir wissen, dass es solche Vorkommen auch hier im Westen gibt. Das weiß man schon lange. Aber all der Reichtum befindet sich sehr tief unter wasserführenden Mergelschichten, die man nicht mit ein paar Handpumpen leeren kann. Und jetzt kommt die Dampfkraft ins Spiel ...«

Maximilian machte einen Sprung auf seinem Stuhl, als hätte ihm eine englische Elektrisiermaschine einen Schlag versetzt.

»Mit der Dampfkraft ließe sich das Wasser herauspumpen. Die Folge wären tiefe Stollen und die Förderung einer ungeheuren Menge Kohle, die in alle Richtungen abtransportiert werden könnte.« Salomon blickte um sich. »In *alle* Himmelsrichtungen, sage ich. Also auch über den Rhein. Es ist nur eine Frage der Zeit und des Geldes. Das Geld bringe ich. Die Zeit vergeht von allein.«

Niemand sagte etwas. Alle staunten. Sogar Amalie hatte etwas mehr Farbe angenommen und strahlte ihren Vater voller Bewunderung an. Friederike langweilte sich. Auch Harry spielte jetzt an seinem Teller. Er hatte Hunger. Irgendetwas störte ihn. Die Luft im Zimmer war verbraucht.

»Was ist ein Rohstoff, Onkel? Und was meist du mit ›in den nächsten Jahrzehnten‹?«

»Wir werden grundlegend umdenken müssen«, erklärte Salomon. Er sprach für eine Weile zu der weißen Zimmerdecke empor. »Umdenken, das heißt: Alles, was wir bisher über Entwicklung und Zeit gedacht haben, wird bald nicht mehr gültig sein.«

Harry kämpfte. Der Satz hatte etwas Bedeutungsvolles. Aber die Wörter machen keinen Sinn. *Entwicklung, Zeit, umdenken …* »Verzeih mir, ich verstehe nicht, was du meinst.« Er spürte die erleichterten Blicke der anderen, denen es offenbar genauso ging wie ihm.

»Wenn sich etwas entwickelt, Harry, sagen wir mal, ein Mensch, dann sind wir es gewohnt, dieses Werden in Zeitabschnitte einzuteilen. Wir sprechen von der Jugend, die dauert fünf oder ein paar mehr Jahre, von der Reife, das sind vielleicht zwanzig Jahre, und schließlich vom Alter, das sind, wenn es gut geht, noch mal zehn oder zwanzig. Es sind also jeweils eine Anzahl Jahre, keine Monate oder Wochen. Einverstanden?«

»Ja.«

»Wenn wir das nun auf den Bau eines Hauses übertragen,

müssen wir umdenken. Denn wie lange es dauert, bis ein Haus sozusagen herangewachsen ist, hängt nur davon ab, wie viele Arbeiter dabei mithelfen. Dieser Grundsatz gilt für alles, was nicht von alleine wächst, sondern von Menschen gemacht wird. Und wenn wir diesen Gedanken auf ein ganzes Volk übertragen, dann wird erkennbar, dass wir in Zukunft anders denken und leben werden. Die Dampfkraft wird alles verändern. Es gibt durch sie mehr Kohle, und das Mehr an Kohle wird neue Dampfmaschinen mit sich bringen, die noch mehr Kohle fördern. Und eines Tages wird es nur noch ein paar Wochen dauern, um ein Haus zu bauen.«

»Das glaube ich nicht«, sagte Gustav leise.

Peira schüttelte den Kopf. »Lieber Salomon, sei mir nicht böse. Was du da erzählst, ist faszinierend. Aber ich verspreche dir, dass ich Max und Gustav heute Abend nicht ins Bett bekommen werde.«

Salomon gluckste. »Gut, gut. Dann beschäftigen wir uns jetzt erst einmal mit der Entwicklung des Essens. Was meinst du, Harry?« Er sah Harry nicht an, sondern erwartete ganz selbstverständlich irgendeine zustimmende Geste oder freudige Zustimmung. Aber Harry schwieg.

Peira rief: »Das Dankgebet, Samson, bitte! Gott ist zum Glück immer noch der Weiseste und wird wissen, was der Oheim meint. Nicht wahr, Salomon?«

»Du sagst es, Betty«, antwortete der Onkel abwesend und blickte den dampfenden Schüsseln entgegen, die die Köchin in diesem Moment ins Zimmer trug.

»Onkel, wusstest du, dass, wenn man hier an einem klaren Tag im Norden die Wolken auf dem Horizont liegen sieht …« Harry machte Fäuste. »… dass man von Hamburg aus dieselben Wolken im Süden sehen kann? Das ist die Erdkrümmung.«

Salomons Mund wurde dünn und hart. Er dachte nach. Peira erstarrte. Samson stellte den Kopf etwas schief und schielte auf sein Weinglas, das leer neben dem Teller stand. Alle beobachteten den Onkel. Auch Amalies Haltung war angestrengt. Harry fand es lächerlich, wie dieser Mann die Blicke und Herzen befehligte. Wie machte er das? Womit? War es nur sein immenser Reichtum, die Macht?

»Was ist in dich gefahren, Harry?«, fragte der Oheim ruhig. »Du weißt sehr genau, dass das vollkommener Unsinn ist.«

»Nein, Onkel. Wenn die Krümmung zwischen Düsseldorf und Hamburg flach genug ist, weil die Erde groß genug ist, und wenn die Wolken hoch genug sind, dann habe ich Recht.«

Salomon legte beide Hände auf den Tisch und betrachtete sie. Plötzlich wurde Harry klar, dass dieser Mann seine Macht auskostete, dass er sich davon ernährte, beachtet zu werden, ganz egal, wie es um die Wahrheit stand. Amalie, die mit rotem Gesicht und unruhigem Blick dasaß und die Kiefer bewegte, ließ ihn nicht mehr aus den Augen.

»Unmöglich, Harry! Einfach skandalös!«, brach es aus Peira hervor. Sie sprang auf und lief in den Flur. Samson rutschte hin und her, vermutlich unschlüssig, ob er ihr folgen sollte oder nicht.

»Bleib sitzen, Bruder!«, befahl Salomon. »Und werde endlich mal erwachsen! Jedes Mal, wenn Betty sich kratzt, entschuldigt du dich, weil es gejuckt hat.«

Samson zischelte missmutig.

Die nächsten Schüsseln wurden hereingebracht. Samson murmelte das Gebet. Als er fertig war, wagte niemand anzufangen. Die Stiele der Löffel und Schöpfkellen ragten wie Säbel aus dem Gemüse hervor. Jeder, der sie jetzt als Erster anfasste, würde sich damit die Hände zerschneiden. Harry wollte aufstehen. Wer sollte ihn daran hindern, jetzt, wo Peira fort war? Sein Hunger war verflogen. Er hätte gerne Christian abgeholt, der sich am heutigen Morgen mit seinem Vater aussprechen wollte. Was sicher nicht leicht gewesen war. Der arme Prokurator saß den ganzen Tag in einem Sessel. Er war taub wie ein Brett und musste gefüttert werden, weil seine Hände zitterten wie Pappelblätter. Draußen, jenseits der Bolkerstraße, war irgendwie alles zur Ruhe gekommen. Moritz wohnte wieder zu Hause und würde vielleicht sogar zu einer Schule gehen. Das Presbyterium hatte entschieden, dass Sefchen ein christliches Begräbnis bekam … Nur hier bei den Heines (Harry musste grinsen und versteckte sein Gesicht), hier brannte es mal wieder. Ein bisschen jedenfalls. Aber auch Peira würde sich wieder beruhigen. Der Onkel würde morgen nach Hamburg fahren, egal, ob er es für wahr hielt, dass man von dort aus dieselben Wolken sehen konnte wie in Düsseldorf. Amalie würde mit ihm fahren und ihn bewundern. Und sie würde ihm, Harry, sehr fehlen. Sie fehlte ihm jetzt schon, obwohl sie mit am Tisch saß und ab und zu herüberschielte.

»Essen wir jetzt endlich, Papa?«, fragte Friederike säuerlich und atmete schwer.

»Wir essen!«, antwortete Salomon. Harry fuhr zusammen. Es war Phanuels Tonfall gewesen, die Stimme des *Morgenländers*, der jetzt gewiss in irgendeiner flinken Kutsche saß, die ihn in die Welt fuhr, weit über die Krümmung der kugelrunden Erde hinaus, noch unter dem fernsten Wolkenhimmel hindurch, immer weiter und weiter …

Dagmar Matten-Gohdes
Heine ist gut
Ein Heine-Lesebuch
Mit Zeichnungen von Marie Marcks
Gulliver Taschenbuch (78281), 200 Seiten *ab 12*

Ein Heine-Lesebuch für alle! Es enthält seine schönsten und lustigsten Gedichte, die schon fast zu Volksliedern geworden sind. Außerdem Briefzitate und Texte aus den »Reisebildern« und den »Memoiren«. Zwischendurch viel Wissenswertes über Heines Kindheit und seine erste Liebe, über seine Reisen und sein gespanntes Verhältnis zu Deutschland. Für alle, die einen der brillantesten Dichter deutscher Sprache kennen lernen wollen, ist diese kommentierte Werkauswahl ein besonderes Vergnügen. – Mit spitzer Feder kommentiert von Marie Marcks.

Beltz & Gelberg
Beltz Verlag, Postfach 100154, 69441 Weinheim

Karla Schneider
Die Reise in den Norden
Roman
Gulliver Taschenbuch (78877), 400 Seiten *ab 14*

Mit einem mysteriösen Auftrag des Königs beginnt für den Forschungsreisenden Isak Zettervall die abenteuerliche und gefährliche Reise in den hohen Norden Skandinaviens. Ursprünglich wollte er dort nur die unbekannte Tier- und Pflanzenwelt erforschen. Doch nun soll er mehr über die beiden geheimnisvollen Nomadenvölker herausfinden. Es ist eine brisante Angelegenheit, von der ihm Instinkt und Verstand abraten. Denn schon beginnen sich obskure Gestalten für seine geheime Mission zu interessieren. Zu alledem kann Isak nicht verhindern, dass die 14-jährige eigensinnige Stemma Dannhauer mit ihm in die Wildnis des Nordens reitet. – Ein faszinierender Roman, der in der ersten Hälfte des 18. Jahrhunderts spielt.

»Im Genre des Abenteuer-Romans kennt sich Karla Schneider aus. Auf den vierhundert Seiten des Romans kommt Langeweile nie auf.« *FAZ*

Beltz & Gelberg
Beltz Verlag, Postfach 100154, 69441 Weinheim

Wiebke von Thadden
Thomas und die schwarze Kunst
Roman aus der Frühzeit des Buchdrucks
Gulliver Taschenbuch (78787), 336 Seiten *ab 14*

Schwarze Zeichen auf weißem Grund – für Thomas, den Bauernjungen von der Schwäbischen Alb, haben sie etwas Magisches, seit er bei einem fahrenden Studenten Lesen und Schreiben lernt. Als er dann zum ersten Mal ein gedrucktes Buch in den Händen hält, zieht es ihn hinaus in die unbekannte und geheimnisvolle Welt. Ein Büchermacher will er werden, ein »Druckerherr«, doch der Weg zur schwarzen Kunst ist weit und die Zeit des ausgehenden 15. Jahrhunderts nicht ohne Gefahren. Vielen ist die Verbreitung des Buchdrucks nicht geheuer, und leicht kann da einer in Verdacht geraten, mit Hilfe der schwarzen Kunst das Volk gegen die Mächtigen aufwiegeln zu wollen.

Beltz & Gelberg
Beltz Verlag, Postfach 100154, 69441 Weinheim